Hans Hofmann

Ein Nachahmer Hermanns von Sachsenheim

Hans Hofmann

Ein Nachahmer Hermanns von Sachsenheim

ISBN/EAN: 9783742890184

Hergestellt in Europa, USA, Kanada, Australien, Japan

Cover: Foto ©ninafisch / pixelio.de

Manufactured and distributed by brebook publishing software (www.brebook.com)

Hans Hofmann

Ein Nachahmer Hermanns von Sachsenheim

Ein Nachahmer Hermanns von Sachsenheim.

INAUGURAL-DISSERTATION

zur

Erlangung der Doctorwürde

bei der

hohen philosophischen Facultät der Universität Marburg

eingereicht von

Hans Hofmann,
aus Ulm.

Marburg.
Universitäts-Buchdruckerei (R. Friedrich).
1893.

Hermann von Sachsenheim, den erstmals Ernst Martin in der Einleitung zur Ausgabe der drei Gedichte, »Die Mörin«, »Der Goldene Tempel« und »Jesus der Arzt« (Stuttgart 1878, als Band 137 der Bibliothek des Litterarischen Vereins) ausführlicher Betrachtung würdigte, hat neuerdings durch Gustav Röthe in der Allgemeinen Deutschen Biographie (Band 30) wieder eine Behandlung erfahren, welche nicht nur den jetzigen Stand unserer Kenntnis des Dichters in gedrängter Kürze wiedergibt und eine vortreffliche Charakteristik seiner Persönlichkeit und dichterischen Eigenart liefert, sondern auch den ersten und, wie es den Anschein hat, gelungenen Versuch macht, die Werke Sachsenheims auf Grund metrischer Beobachtungen chronologisch zu ordnen. Am Schlusse seiner Darstellung aber erweckt Röthe die Meinung, als ob Sachsenheim so gut wie keine literarische Nachfolge gefunden hätte. Diese Anschauung zu berichtigen, glaube ich im Stande zu sein durch den Hinweis auf ein Gedicht, eine Minneallegorie, welche unverkennbare Spuren der Nachahmung Sachsenheims an sich trägt, und deren Neuherausgabe sich auch aus sonstigen Gründen rechtfertigen wird: so kümmerlich, ja jammervoll die Leistung sein mag, interessant erscheint die Stilmischung des Poems, das an einem Wendepunkte unserer Litteratur und nicht fern einem ihrer damaligen Centren, 1486 in Schwaben, entstanden ist.

Ueberlieferung und Litteratur.

Unser Werkchen ist in einem Incunabeldruck überliefert, den Panzer nicht gekannt hat und von dem ich trotz Umfragen bei allen grossen Bibliotheken Deutschlands nur zwei unvollständige Exemplare habe auftreiben können. Beiden, dem Giesser wie dem Zwickauer Exemplar fehlt Blatt aj, und damit jeder Aufschluss über Titel, Verfasser und Drucker: sie bringen den Anfang des Gedichtes auf Blatt aij und weisen als letztes der ersten Lage ein verwaistes, loses Blatt auf. Das Giesser Exemplar hat überdies eine weitere Lücke: es fehlt Blatt eij (V. 1597—1646).

Das Format ist das im 15. und zu Beginn des 16. Jahrhunderts sehr gebräuchliche Format, das wir seiner äusseren Erscheinung nach als Kleinquart bezeichnen würden, das aber eigentlich ein Octav mit breitem Rande ist: der Rahmen umfasst normal 13,5 cm. Höhe gegen 7,7 cm. Breite. Es sind im ganzen 5 Bogen (a — e) zu 8 Blättern: gezählt werden nur die vorderen 4 Blätter (aj, aij, aiij, aiiij etc.); von Bogen e sind nur fünf Blätter bedruckt. Auf der Seite stehn in grossen gotischen Lettern und mit reichlichem Spatium 25 abgesetzte Verszeilen; 4 Seiten (cvj[r u. v], diij[r], diiij[v]) haben deren nur 24, die letzte Seite (ev[v]) mit dem Schluss nur 20. Die zahlreichen ⁋, die auf fast jeder Seite, zuweilen 2—3 mal vorkommen, markieren nur selten und zufällig wirkliche Absätze: meist sind es lediglich Ruhepunkte fürs Auge, die also bei unserem Neudruck nicht berücksichtigt zu werden brauchten.

Die beiden bekannten Exemplare sind uns in alten Mischbänden aufbewahrt, deren Zusammensetzung von Interesse und für die chronologische Bestimmung des defecten Druckes nicht ohne jeden Wert ist.

a) Giessen, Grossherzogl. Universitäts-Bibliothek E 17290. Der Band umfasst: 1) den Strassburger Laurin von 1509 (Weller, Repert. typogr. Nr. 476); 2) unser Werk, dem Blatt aj und eij fehlen; 3) Titularbüchlein: Strassburg, M. Hüpfuff 1507 (Panzer, Zusätze Nr. 589 b); 4) 'Des helischen Kyngs mandat vnd send bryeff'. Anno 1508, aber ohne Angabe des Druckers (Weller, Rep. Nr. 446). —

Auf dieses Exemplar, welches Herr Oberbibliothekar Dr. Haupt Herrn Professor Schröder und mir wiederholt zur Benutzung nach Marburg sandte, war ich während der Ausarbeitung meiner Studie allein angewiesen. Das zweite, seit Gottsched bekannte Exemplar habe ich in Zwickau selbst vergeblich gesucht: erst im Sommer 1892 ward es von Herrn Professor Weicker wieder aufgefunden und mir zur Benutzung auf der Grossherzogl. Bibliothek nach Karlsruhe gesandt.

b) Zwickau, Ratsschulbibliothek XXIV, XII, 20. Der sehr wertvolle Sammelband enthält: 1) den alten Fortunatus: Augsburg, Joh. Heybler 1509 (Panzer I 315, Nr. 662); 2) Murners Mühle von Schwindelsheim: Strassburg, Hüpfuff 1515; 3) 'Küchenmeisterey': Strassburg, Hüpfuff 1507 (Panzer, Zusätze Nr. 597 d); 4) ein Steinbuch: Erfurt 'In sant Pauls pfar zw dē weissen lilligen berge' 1498; vgl. Lambel, Steinbuch S. VII; 5) Titularbüchlein: Nürnberg, Marx Ayrer 1487 (Panzer I 166, Nr. 240); 6) Anschlag eines Türkenzuges o. O. u. J.; 7) 'Ein bewerts Kunstbuchlin': Erfurt, Joh. Spörer 1499 (Panzer, Zusätze Nr. 474 c); 8) ein Sendbrief der bairischen Ritterschaft v. J. 1504, aber ohne Druckerangabe (Panzer, Zusätze Nr. 550 c); 9) von drei Dingen zu Rom, verwandt, aber nicht abgeleitet aus Huttens Vadiscus, vgl. Strauss, U. v. Hutten III 96; 9a) auf den leeren Seiten sind handschriftlich eingetragen ‚Hübsche liebliche Reymen gemeiniglich ausz drucken den lauff diser belt'. (108 Verse). 10) unser Werk; es fehlt Blatt aj, und zwar stammt dieser Defect mindestens aus der Zeit, wo der Mischband zu Stande kam: eine zweifellos ins 16. Jahrhundert fallende Paginierung, welche Nr. 9, 9a und Nr. 10 zusammenfasst, setzt den Mangel bereits voraus; 11) Leipziger Kleider- und Luxusordnung: Leipzig, Jac. Tanner 1506 (Weller, Rep. typ. Nr. 359); 12) ein populäres Rechtsbüchlein: Leipzig, Wolfgang Stöckel 1517 (Panzer, Zusätze Nr. 873 b).

Ich hebe hervor, dass kein datiertes Stück des Giesser Bandes über das Jahr 1509, keines des Zwickauer Bandes über 1517 hinabreicht. Die obere Grenze für die Datierung unseres Druckes ist durch das Jahr 1486, die Entstehungszeit des Gedichtes, gegeben, welche die Schlussverse (V. 1790 f.) melden. Aber auch die untere Grenze lässt sich wesentlich enger ziehen. Durch typographische Vergleichung mit dem Bestande der an schwäbischen Incunabeln hervorragend reichen Königl. öffentlichen Bibliothek zu Stuttgart war es mir möglich, die Herkunft des Druckes zu ermitteln. Es kann wohl kein Zweifel sein, dass die Incunabel aus der Offizin von Konrad Dinckmut hervorgegangen ist, der 1482—1496 in Ulm gedruckt hat [1]). Dieselben Typen zeigen die Drucke:

1) (Jac. a Voragine) 'Lombardica Hystoria', mit der Schlussschrift: impressa in Ulm | p Conradū Dinckmut | Anno M.ccccIxxxviii. — Stuttg. Kgl. öff. Bibl. H 16095 B 55 fol.

2) 'Ain schön matteri | Eingedailt in sibē tag der wochē vnd ge | nant der sündigen sele spiegel', mit der Schlussschrift: Zu Ulm gedruckt von Cunrad Dinckmut | Im M.cccc. vnd lxxxvii iare. — Stuttg. Kgl. öff. Bibl. H 14950. 4°.

Vielleicht ist es kein Zufall, dass gerade Drucke der Jahre 1487 und 1488 die gleichen Lettern aufweisen. Die Ueberlieferung unseres Gedichtes enthält nichts, was auf eine dem Autor fremde handschriftliche Zwischenstufe hinwiese: er kann sein Elaborat recht wohl bald nach der Entstehung, in eigenhändigem Manuscript, dem Buchdrucker übergeben haben, und wir hätten

---

1) vgl. Knpp. Gesch. d. d. Buchhandels 1 137; Hassler, Die Buchdruckergeschichte Ulms S. 119 ff. Er ist zwar erst 1499 aus Ulm geschieden, doch scheint er, schon längst von pecuniären Schwierigkeiten bedrängt, nach 1493 kaum noch gedruckt zu haben. Seine Blüthezeit umfasst die Jahre 1482 bis 1487; über 1493 reicht nur ein vereinzelter lateinischer Druck von 1496 bei Hassler s. 126 hinaus. Deutsche Drucke mit seinem Namen (D. hat vorwiegend deutsche Bücher gedruckt) führt Panzer (Annalen Bd. I und Zusätze) 21 auf: Nr. 151. 156 b. 167. (1482); Nr. 171 b. 178. (1483); Nr. 193 b. 194. 197. (1484); Nr. 215 d. 223. (1485); Nr. 228. 229. 235 (1486); Nr. 239 b. 242. 247. (1487); Nr. 273 b. (1489); Nr. 326 b. 382 c. (1492); Nr. 350. 352 c. (1493). Die Zusätze bei Hassler (fast nur undatierte Druckerzeugnisse) ändern an diesem Bilde sehr wenig. Doch ist es, zumal das Titelblatt fehlt und der Schluss (auffälligerweise) nicht das übliche Impressum bietet, immerhin nicht ausgeschlossen, dass das Büchlein nach dem Bankrott Dinckmuts mit dessen Lettern von einem andern Buchdrucker hergestellt wurde.

dann eines der ersten 'Originalwerke' unserer 'schönen Litteratur' vor uns, das direct im Hinblick auf die Verbreitung durch die Presse geschrieben worden wäre.

Die deutsche Litteraturgeschichte hat von diesem Poem bisher kaum Notiz genommen, obwohl einer ihrer Altväter, Gottsched, bereits darauf hingewiesen hat, sogar mit unverdientem Nachdruck, indem er in der 2. Auflage der Deutschen Sprachkunst S. 516 (4. Aufl. S. 567) den Dichter den ersten nannte, 'der sichs im XV. Jahrhundert unterwunden, recht nach der Kunst zu scandiren'. Zum Beleg druckte er die ersten 27 Verse des 'Gedichtes von der Buhlschaft' ab, das er von der Zwickauischen Bibliothek gedruckt bekommen habe. Wenn er den Dichter aber 'einen gewissen Joseph' nennt, so kann er diesen Namen, der im Gedicht selbst nicht vorkommt, auch nicht aus dem Zwickauer Exemplar genommen haben, dem das Titelblatt, wie ich oben gezeigt habe, schon damals längst fehlte. Woher hat er ihn denn? Allerdings doch aus dem Mischband von Zwickau: er hat einfach den Bearbeiter des dort als Nr. 4 eingebundenen Steinbuchs, der sich in Vers 27 'Yoseph'[1]) nennt, mit unserm namenlosen Autor verwechselt — oder gar ohne weiteres combiniert? Und das lag um so näher, als jene Fassung des Steinbuchs thatsächlich den Versuch macht, die alten Reimpaare Volmars in Sechssilbner ähnlich denen unseres Werkchens umzuprägen.

Ohne Kenntnis Gottscheds hat dann Wackernagel, Gesch. d. d. Litt. 2. Aufl. S. 373, Anm. 76 auf Grund einer entschuldbar ungenauen Mitteilung Weigands über das Giesser Exemplar dem Werkchen eine Note gegönnt, und E. Martin hat dieselbe durch den Hinweis auf Gottsched und die formelle Verwandtschaft des Gedichts mit Herm. von Sachsenheims Goldenem Tempel wertvoll gemacht. Martin selbst ist auf diesen Zusammenhang in der Anzeige von Lambels Ausgabe des Steinbuchs noch einmal flüchtig zurückgekommen: Anz. f. d. Alt. 5, 224.

Meinen eingehenden Untersuchungen sende ich einen Neudruck des Gedichtes voraus, bei dem die Interpunktion die wichtigste und keineswegs überall zu meiner Befriedigung gelöste Auf-

---

1) s. Lambel, Steinbuch S. VII.

gabe gebildet hat. Die metrischen Änderungen werden unten gerechtfertigt werden; von graphischen ist nur die Scheidung von u und v, i und j gewagt, im übrigen sind nur Fehler beseitigt, die Unarten des Setzers und des Autors aber auch da bewahrt, wo sie keinerlei grammatisches Interesse besitzen; die Scheidung von ü und û, ö und ô durchzuführen schien unerlaubt. Die Absätze hat, nur gelegentlich in Übereinstimmung mit dem Druck, Professor Schröder eingeführt, der mit Herrn Dr. Kochendörffer gemeinsam eine Correctur meiner Ausgabe gelesen und einzelne Besserungen beigesteuert hat.

Der Titel, dem V. 1178 entnommen, ist ein Notbehelf und soll als solcher unten gerechtfertigt werden. Er enthält keine Inhaltsangabe, sondern ein Stichwort: unser Gedicht nennt sich nicht ein 'Buch der neuen Liebe', aber es dreht sich um ein geheimnissvolles Manuscript, das diesen Titel führt.

DER NŮWEN LIEBE BŮCH.

O Got Mercurius,
Von dir ze furdernuſz
Beger ich hilff und gunſt,
Syd du wolredens kunſt
Ain got und geber biſt. 5
Der dich anrůffen iſt,
Dem gibſt du wolgeſprech,
Wort klůg ſubtil und wech
Ze dichten maiſterlich.
Verlych mir och, das ich 10
Min fürgenomen dicht
Ze dichten allſo richt,
Das es nuch minr beger
Ze leſen luſt geber,
Den hörenden dar by 15
Och wolgefellig ſy.
Das mir nun das gedych,
Got Phebus, so verlych
Mir darzů ſinn und můt
Und deſz ynbildnng gůt, 20
Der umb yn ſprechen hie
Kunstlich gedichtes ye
Ze helffen hoch gebrüſft
Iſt worden angerůfft.
Desz glychen rüff ich an, 25
So beſt ich ymmer kan,
Das ich ſollichs vollaiſt
Zum höchſten allermaiſt
In meiner red beginn
Gedichtes uch göttinn, 30
Die muſe ſind genannt.
Ir ſind mir unerkannt,
Yedoch beger ich ewr:
Nun machent uch gehewr
Ze fliegen mit begir 35

Herby und helffent mir,
Disz ticht mit rymen blasz
Nach rechter zal und masz
Und ſilben ſechsſen ſtuntz
Usztailen by der untz, 40
Wie ſich zum beſten ſchickt:
Die wörtter unvertzickt,
Gebrochen recht und fry
Nach kunst, ortography,
Figuren kurtz und lang, 45
In mittel nach anfang
Bis hin zů ende gar.
Ir göttin nemend war
Und ſchwebend umb mich umb;
Gelaubt, ob ich bin frumb, 50
Ich will uch geben lob.
Ir wiſt, das ich bin grob
Und nit ſuptiler ſinn.
Nun wychend nit von hinn,
Bisz ich find den beſchliesz, 55
Und habend nit verdriesz.
Von uch beger ich ſtůr,
Das ich ain abentůr
Müg ſagen nach der ſchnůr,
Wie mir die widerfůr, 60
Das man ſi müg verſtan.
Damit ſo ſy getan
Der vorred yetz genůg.
Ir göttin wyſz und klůg,
Mittailend mir ewr kunſt, 65
Darzů ſo gebent gunſt
Und urlaub, das ich ſag.
Sich fügt uff ainen tag
Ich main, es ſy der jar
Hewr achte ongefar, 70

1 O *ist vom rubricator nicht ausgeführt.* 13 miner; vgl. 14 16. 11 20. 33. 34 ewer: gehewer. 59 Můg. 65 ewer. 70 Hewer.

In werder herbstezyt,
So man uff wälden lyt
Ze hören hirszgeschrai
Und darzů mengerlai
By jagen pfliget lůst. 75
Ich het mich och gerůst
Und kam in ain geschell,
Mit mir ain gůt gesell
Durch tagalt menger hand,
Allda ich jagen fand, 80
Als man noch jerlich tůt.
Es was do gůter můt
Bis hin gen mittemtag,
Darnach man essens pflag;
Da das allso geschach, 85
Min gsell zů mir da sprach:
„Wie wöltest raten das,
Wir täten och etwas?
Das wetter dunckt mich gůt;
Wer es dir wol zemůt, 90
Wir birsten auff die nucht
Und triben lützel bracht;
Ich waiss wol nůwe brůch.
Was söllen vil waidsprůch?
Ist es dein gůter will, 95
So lass uns schwygen still
Und damit setzen ab.
Merck, ob ich vor mir hab
Der sachen ainen grund:
Die plön sind mir wol kund 100
Und recht geschickte bam,
Der lass uns nemen gam.
Als bald es abent wirt,
So gang wir ungeirrt
Und stygen still dar uff. 105
Villycht so kumbt ain buff
Der hirsschen zů uns her;
So wirt uns nach beger
Ain schuss, zwen oder dry".
Ich sprach: „ay wie dem sy, 110
Es ist ain gůter rat."
Als es ward abent spat,
Kam wir auff ainen plan.
Wie wir das schlügen an,
Suss funden wir die bam. 115

Ich red nit uss aim tram:
Wir tailten uns zestund,
Yetlicher gieng hin und
Staig ainen bamen da,
Er da, ich anderszwa. 120
Nun merckent was ich sag:
Damit schied hin der tag
Und trang herzů die nacht.
Mit ainem klainen pracht
Kam her ain grosse schar 125
Waldvogel menig bar,
Die stalten sich zerů
Ringwysz umb mich herzů
Gelych in feldes wysz;
Die baumen, est und rysz, 130
Erkriegten si mit stryt.
Ich mir gedacht: nun byt,
Wie sich nun ainen hie
Das klain gefůgel wie.
Da ich yetz also sass 135
Und mich recht wol vermass,
Wer fachh, ob etwas käm,
Und mir gieng in die räm,
Das ichs nit träff gen holtz,
Da hort ich hirsschen stoltz 140
Vast pöllen lut und grimm
Mit brůnstiglicher stimm
So ganz inbrůnstiglich.
Das selb geschrai fůrt mich
In mengerlai gedanck: 145
Wie das in anefanck
Und och in dem urspring
Geordnet wer all ding
Nach löuff der himelsper.
In sinnen tieff und verr, 150
Hoch in astronomy
Kam ich durch fantesy
Gedencken hin und her,
Wie durch den schöpfer wer
Geschaffen alle krafft 155
Nach irer aigenschafft
Und würckenlicher macht.
Ich hört der hirsschen pracht
In grober lůt und hoch.
Der gegenwurff mir zoch 160

---

86 gesell. 121 Num. 133 Wil? 146 das ich in. 148 alle. 155. 156 krefft: aigenschefft; vgl. 181. 182.

Zehand usz sinnen kry
Hindan astronomy,
Und fiel mir wider für
Desz gwildes art und spür,
Sin wesen ich ermas, 165
Das ich gedacht mir das.
Nun dar, du werder gott,
Nach der natur gebott
So lebet alles das,
Du schüffest ain etwas 170
In wasser und uff erd.
Disz creatur vil werd
Raitzt och hie die natur.
Gelychnusz und figur
Möcht man da nemen ab. 175
Der hirsch sücht yetz sin lab
Allain in siner brunfft
Nach gird und nit vernunfft
Und achtet anders nicht
Dann der nature pflicht 180
Und irer aigenschafft.
Darumb tůt er sin krafft
Und sin vermögen dar,
Sin plůt und faiste gar
Felt hin in der unrů. 185
In sinnen fiel mir zů
Und ward gedencken das:
Wem soll ich glychen bas
Hie diser hirschen brunfft,
Dann bůler unvernunfft, 190
Die also in dem just
Nach gird natur und lust
Ir zyt vertryben hin?
Doch kam mir in den sin,
Wie das zesamen glycht, 195
Vor langer zyt geycht
Waidwerk und bůlschaft wer
Nach sprůch der Laberer,
Der das gar wol erklert,
Mit glychnusz hat bewert, 200
Was alle tüttung sy
Uff waidwerck bůlery.
Desz ich geschwygen will,
Der red wurd vil zevil.
Wer das nit kan verstan, 205

Den lasz ich fürbasz gan
Und sůchen annder ler.
Was soll ich sagen mer?
Ich liesz das waidwerk syn,
Mir fiel die bůlschafft yn. 210
Syd die ist so gemain,
Das alt jung, grosz und klain
Sie ůben mer dann gnůg
Und weder muss noch fůg
Darinn nit sehen an. 215
In dem ich mich versan,
Von wannen das herkem
Und sinen ursprung nem,
Das man yetz bůlschafft hiesz,
Die ursachh und den gniesz, 220
Den wollust, lieb und laid,
Der wörter unterschaid,
Was bůlschaft und bůler,
Was bůl und bůlen wer.
Ich nam mir für bůlschaft. 225
Desz worttes aigenschafft
Die altten uns hie vor
Genemet hand 'amor',
Das fier bůchstaben hat.
Ich stimmet si vil drat, 230
Als ich si yetzund nemm:
Ain a, darnach ain m,
Ain o in mittel fůst,
Ain r das wort beschlůst,
Das 'amor' haissen tůt. 235
Die vier buchstaben gůt,
Gedacht ich da zestund,
Tůnd uns fier wörter kund
A ain, m mer, o on,
R rů, das hat den don, 240
Wenn ichs zesamen tů :
Es haist „ain mer on rů".
Ich main, in disem mer
Schwim gar ain grosses her
Von baiderlai geschlecht. 245
Mir kam da in getrecht
Und nam och hindersich
Das wort 'amor' für mich.
Da fand ich ainen num,
Der ym recht wol getzam 250

177. 189 brunst. 198 der laberer: *der Verf. fällt aus passivischer in active Construction.* 219 bies. 244 Sohim.

Nach aller glegenhait:
'Romá' sy uch gesait,
Das och fier bůchstab hat,
Daruff fier wörtter gat.
Der edel nam vil wert 255
Betůttet baide schwert.
Merck uff: das gaistlich das
Rycher och milter applas;
Sich uff: das weltlich gyt
Richtum och macht allzyt. 260
Der swerter macht und gwalt,
Zů Rom den uffenthalt
Das hailig römisch rych
Soll haben vestiglych
Nach gschrifft bewerter sag 265
Bis gen dem letzten tag.
Allso liesz ich amor;
Das wort benempt hie vor,
Betrachtet sin durch mich
Für und auch hindersich, 270
Zum kürtzten uszgelegt
Sin tütsch ich och entdeckt,
Und ward mir so erkannt,
Es wer lieby genannt;
Und das lieby das wort 275
Fürtreff zytlichen hort.
Und wie och aller ding
Durch lieby den urspring
Die grosz stat Troya num,
Durch lieby ursach kam, 280
Das si och ward erstört,
Darvon ist auch vil ghört
Geschichten manigfalt;
Wie darnach den gewalt
Rom überkam fürbas, 285
Allain durch lieby das,
Die rysznet do fürwar
Haimlich und offenbar
Durch wunderber geschicht.
Man findt der gůt bericht 290
In teůtsch und in latyn,
Die da geschehen syn,
Der ich och etlich waisz.
Dasz das ain warhait haisz,
So kam mir in den sin 295

Durch sinnen her und hin,
Und fiel mir aine für
Der grösten, als ich spür.
Wie das vor zyt zů Rům
Ain tempel oder thům 300
Der göttin Isidis
Erstöret ward gewis
Durch diser sachh urhab:
Als Mundus sich begab
Paulina gar zedienst. 305
Si was die aller schienst,
Die sunn der zeit beschain,
Hoch, mechtig, keůsch und rain.
Darumb so halff in nit
Sin gaben, dienst noch bit, 310
Desz kam Mundus in lait
Und mercklich gross kranckait.
Doch fand er ainen list
Zů gsunthait und genist
Durch Yda bösen rot: 315
Stuck goldes tusent lot
Verhiesz er ir umb das
Der oberst priester was
Desz tempels ir bekannt.
Zů dem si ylens rannt, 320
Ertzelend alle mår,
Sagt, wie das Mundus wår
Durch lieb Pauline kranck.
Si bat in, das er danck
Verdient und mercklich miet 325
Und darzů hülff und riet,
Das Mundus will volgieng.
Der oberst priester vieng
Bald ze erdencken list
Und sprach der selben frist, 330
Wie er wölt sagen zwar
Pauline gar fürwar,
Das Anubis der got
Durch sein vil hoch gebot
Und ir andechtig bet 335
Ir bůt, das si das tet
Und in den tempel kem,
Muntlich sein red vernem.
Sin botschafft wer gesant
Her usz Egiptenlant: 340

---

251 gelegenhait. 253 büchstaben. 258 *die Aenderung* Rych *oder* milt *widerstrebt mir.* 265 geschrifft. 282 gehört. 314 gesunthait. 332 Pauline. 336 but.

Er wőlte fi ze wyb.
Ir rainer küscher lyb
Ward durch disz falsche lüg
Und leckerlich betrüg
Verflecket umbe das 345
Die fraw geleubig was,
Frawt sich der rede houch,
Und Saturninus ouch,
Ir man, dem si das sagt.
Disz anschlag ward betagt. 350
Der oberst priester wolt,
So das Paulina solt,
Wenn es wurd abent spet,
Volbringen ir gebet
Und in den tempel gan, 355
So wurd sie pald verstan
Die mainung und gebott,
Wie es wolt han der gott,
Dem wer es zůgericht.
Die frawe maumbt sich nicht, 360
Si kam der selben nacht;
Die sachh was allso tracht,
Si ward gelassen yn;
Der liecht und ampel schyn
Die wurdent ab gelescht. 365
Paulina lützel wescht
Disz mördisch boszhait schwer.
In dem kam Mundus her
Gantz nach der götter sit:
Si mocht in sehen nit, 370
Wann es was finster gar;
Der wortt nam sie wol war,
Die warent güt und süsz.
Nach früntlichem begrüsz
Bat Mundus gar entzünt 375
Der werck, die da vergünt
Mircea Silvia
On alle loyca.
Paulina gütlich rett,
Fragt, ob allso die gött 380
Vermischen möchten sich
Zu menschen töttenlich
In wercken der gestalt.
Durch glychnusz manigfalt
Gab Mundus antwurt ir. 385

Ja, sprach er. glaube mir,
Die gött hand desz wol macht,
Das nim by disem acht,
Wie sich Saturnus fügt
Zu Ope unverklügt; 390
So tet Mars och allsus
Sich mischen zů Venus;
So kam got Juppiter
Durch lypliche beger,
Die er zu Dane het, 395
In ir haimlich secret
Als güldin tropffen grosz;
Sie vieng das in ir schosz,
Glych als es regen wer;
Allso gott Jupiter 400
Zů ir vermischet sich.
Paulina güttiglich
Sich überkomen liesz,
Sie lebten on verdriesz.
Nach der geschichte sag, 405
Da es wolt werden tag,
Schied Mundus unerkannt,
Mit wortten, mund und hant
Sollicher hoffnung hoch:
Paulina solt hernoch 410
Im früntlich sin umb das.
Der frawen mainung was,
Es wer on alles nain
Got Anubis allain,
Dem si nach sinr beger 415
Ze willen worden wer,
Und west och anders nit.
Mundus sůcht darnach bit,
Das doch vergebens was.
Zeletst do rett er das 420
Inbrünstiglich zů ir,
Sprach: „wisz, das du von mir
Dem gott empfangen hast
Grosz seligkeit und trost."
So pald Mundus das sprach, 425
Paulina sich versach
Zehand und mercket, das
Si falsch betrogen was,
Und nam umb disz geverd
Ir sollich grosz beschwerd, 430

---

360 fraw. 394 lyplicher. 398 schos. 399 als ob es. 413 on alles nain *kehrt*
748 *wieder*; *die Besserung* main *ist also abzuweisen*. 414 Anubius. 415 siner.

Das sie mit seussen tieff
Gantz traurig ylens lieff
Zu Saturnino dar
Und sagt ym gantz und gar
Den argkwon irer main, 435
Und wolt gantz überain,
Er solt sie töten lon.
Ir man sprach zornes on:
„Die wyl dein hertz und gmůt
Vor schanden ist behůt, 440
So tůn ich achten nicht,
Ob durch disz böss geschicht
Din lyb verflecket ist,
Syd du unschuldig bist
Mit willen, als ich wen, 445
Lass uns anrůffen den
Kayser Thiberium,
Der ist so wysz und frum:
Es wirt ym wesen laid."
Mit laid si alle baid 450
Dem kaiser klagten das.
Der strafft allso fürbas;
Was darzů was verwant,
Liess vahen er zehant,
Und wurden so gericht 455
Nach handlung der geschicht,
Die priester all erhenckt,
Da ward Yda ertrenckt
Und Mundus in ellend
Verschickt bisz an sein end. 460
 Fürbas der kaiser wolt,
Das man erschlaiffen solt
Den tempel ylens, och
Hiesz er das pild darnoch
Isis der göttin zart 465
Versencken tieff und hart
Zů Rom in Tifer swar.
Die lieby was fürwar
Ain ursach der geschicht,
Als ich desz bin bericht 470
Und wol gelauben will.
Es ist von lieby vil
Geschriben und gesait,
Gedicht und uszgelait:
 Wie lieb geformet sy, 475

Was gstalt ir wone by,
Was waffen si och hab,
Das schlůg ich alles ab.
Syd das ist vor gemain,
Ich synnet das allain, 480
Wie lieb geboren werd
Natürlich hie uff erd,
Durch willen und vernunfft
Und der begird zůkunfft.
Der will die mütter haist, 485
Den vater darzů raist,
Das ist vernunfft, das er,
Darumb das si geber,
Sich och vermisch zů ir.
So birt si mit begir 490
Ain kind dus lieby ist,
Dem anders nit gebrist
Dann speisz, die im getzimbt;
Wa es die hat und nimbt,
So wechst es alle tag, 495
Wie grosz es werden mag.
Ich nit besinnet gar:
In jugent nimbt es war
Und sicht anfanges wol,
Warumb es wachssen sol 500
An glidmass und an sterck.
Den underschaid ich merck,
Der ist yedoch gericht,
So das im sin gesicht
Von tag ze tag abnimbt; 505
Zeletzt im das getzimbt,
Das es erblindet gar
Und nimbt denn nit mer war,
Was wol ald übel stat,
Dann das es mercken hat 510
Uff sinen glych allain.
Das werde kind vil rain
Sůcht wider lieb zů im;
Das ist, als ich vernim,
Allain sin glych im syt. 515
Ich mir gedacht gar wyt
Von aigenschafft desz kinds
Und sines hoffgesinds,
Sins wesens aigenschafft
An grösse und an krafft: 520

---

431 seussen *auch* 801. 450 baid] laid. 460 Verschicket. 463 tempels.
464 pald. 476 gestalt. 481 geborn. 518 sins.

Warumb sin gsicht nem ab,
Ob das kind sy ain knab
Ald ainer magte bild,
Ob vorcht mach liebe wild,
Ob nutz mach lieby zam, 525
Waher der lieby kam
Die macht und der gewalt
Ze tzwingen jung und alt,
Ob das tüe wol ald we,
Ob och, gedacht ich me, 530
Die lieby ewig sy,
Was werck ir wone by,
Wie lieb anfangs erschreck,
Wie lieb begird erweck,
Wie lieb mach hass uff die, 535
Die si tůnd irren hie,
Besan ich alles gar.
Ich tet och nemen war
Wie das Gwaltherus tüt
Ob dryssig regeln gůt 540
Gar maisterlich und schůn
Darvon beschryben tůn,
Als er an ainer stat
Darvon setzt ainn tractat,
Der vahet an allso: 545
„Amor est passio",
„Lieb ist ain lyden grosz";
Er sagt uns gůter mosz
Der lieby aigenschafft.
Da mit liesz ich bůlschafft 550
Das wort syn usz gericht;
Zekůrtzen myn gedicht,
Nam ich mir darnach war
Der anndern wörtter gar,
Als bůlen, bůler, bůl 555
Gehören in die schůl
Und nit für yederman.
Ich verrer mich besan:
Was bůl das wörtlin wer.
Und das wort ain bůler. 560
  Davon gedacht ich susz,
Wie schrybt Ovidius
Ain solch historia,
Das in Campania
Ain edle gräfin sasz, 565

Die klůg uff bůlschafft was.
Der ward geleget für
Disz zwaier wörtter kůr.
Das werde wyb vil rain
Sprach da: „mir ist allain 570
Disz frage vil seschwer,
Darumb ist myn beger
Zůsatz von frawen klůg,
Das wir mit gůtem fůg
Die frag uns legen recht." 575
Mit kurtzen wortten schlecht
Ward ir das nachgelan.
Vil frawen wol getan
Die wurden da berůfft,
Grosz klůghait ward gebrůfft, 580
Si wurden ains zehand.
Und als da ward besant
Küng, fürsten überal,
Der grafen one zal,
Vil ritter und och knecht, 585
Man stillet das gebrecht
Und nam irr rede war.
Da stůnd die gräfin dar
Und sprach: „nun merket mich
Vil recht, hie sagen ich 590
Uch unnser aller main.
Wir halten über ain,
Das es hub die gestalt:
Welch mensch sich allso halt,
Das bůl noch bůler ist, 595
Dem selben siechen brist
Allso, das es ist plint.
Wer aber das begint
Und tůt als Lamech tet,
Von dem die bibel ret: 600
Der was der erste man,
Der vil wyb lieb gewan
Und tailt entzwai sin hertz,
Wer sůchet solchen schertz,
Das er sich allso gailt, 605
Sin lieby wyter tailt,
Dann an ain end allain —
So sag wir all gemain,
Das uns beduncken wil,
Dem sy glych als der vil 610

533 anefangs. 563 sollich. 583 Künig. 587 red. 589 merkt.

Zevil der augen hab,
Dem gat an sehen ab
Und mag erkennen nicht
Vor vily der gesicht
So aigentlichen gar 615
Die ding der es nimbt war,
Als das das ain gesicht
Allain an ain end richt
Und ain par augen hat.
Der disen text verstat, 620
Bedarff der glose nit."
Disz wyb beschlos hie mit,
Da si die red volbracht.
Darnach ich mir gedacht
Und fiel das wort mir yn, 625
Was bülen mocht gesyn,
Das waltet grosser kunst,
Und ist doch nichts dann gunst.
Wer die erwerben kan,
Den sicht man hübschlich an. 630
Disz worttes ler und tat
Uff dryen puncten stat.
 Der erst, wie man das such,
Das man liebhan gerůch,
Und wa das funden werd. 635
Der annder punckt uff erd
Macht wunder mengerlai:
Wie man on grosz geschrai
Ansprechh mit klůgem list,
Das gsůcht und gfunden ist, 640
Und mög erwerben das.
Der dritte punckt fürbas,
So man das überkumbt,
Was darzů nützt und frumbt.
Desz glychen helff und tůg, 645
Das man es lang zyt müg
Behalten wesenlich.
Ich red selbs wider mich:
Nun wer das ye ain kunst,
Wie man der lüte gunst 650
Möcht überkumen hie?
Als ich gedacht nun, wie
Es müglich möcht gesyn,
Da fiel mir alles yn
Und ward gedencken susz: 655

Der selb Ovidius,
Desz ich vor han gedacht,
Hat maisterlich volbracht
Uff dise kunst ain büch,
Wie man gunst find und such 660
Und von den lüten bring;
Was fryen willen zwing,
Wie man sich darzů schick:
Anfangs mit augenplick
Ertzaigung, berd und wysz, 665
Mit wortten, die zebrysz
Darzů geaignet sind,
Die hertzen machent lind.
Das büchlin wyter sait:
Darnach mit schaidenhait 670
Anrüren, tasten och,
Da volgent werck hernach.
Wie man sich darnach halt,
Ist gnůgsamlich ertzalt,
In disem büch fürwar. 675
Solt ich das sagen zwar,
Was ich darvon ermasz,
Wie man solt tryben das
Und pflegen lieber sachh:
„Tů schon, Hanns, far gemach"! 680
Mir wurd lycht och der lon
Den man hat geben tůn
Ovidio, das er
Erdichtet solich mer,
Darumb lasz ich es ston 685
Und wills belyben lon.
 Wie ich betrachtet das
Und uff dem baumen sasz
Durch waidwerck vorgemelt,
Es gelt recht was es gelt, 690
So will ich liegen nicht:
Sich macht ain fremd gesicht,
Das mir kam vsz dem sinn,
Was ich noch hett darinn
Gedencken diser mer. 695
Von ferre hůb sich her
(Das ich es nit verplům)
Von wunder ungestům
Ain wild gedön so grosz,
Das ich erschrack on mosz, 700

614 der der. 616 es und 617 das: *der Verf. scheint von dem allgemeinen Subject* man *auf* mensch *überzugehn.* 640 gesücht und gefunden; *viell. ist* funden *einzusetzen.* 643 -kombt. 666 die] dir. 692 *schwerlich* nacht, *vgl.* 703 nehet. 696 ferr.

Wann bôm und alle est
Erschut es hert und vest
Und nehet sich zů mir.
„Herrgot, bilff!" sprach ich zwir,
„Maria, hilff! was tůtz? 705
Das heilig götlich krütz!"
Und sach erschrocken dar,
Bis ich von verr nam war,
Das etwas gen mir fůr
Recht als an einer fchnůr 710
Aim grossen vogel glych.
„Herrgot von himelrych,
Behůt mir sel und lyb,
Das ich by sinnen blyb.
Was mag disz wunder syn?" 715
Ye bas und bas den schyn
Gem hochen liecht ich sach;
Es růcht sich was, ich sprach:
„Es ylet gen dem bôm."
Da ward ich newen gôm 720
Ye lenger und ye bas,
Das es geformet was
Nach menschlicher gestalt;
Es fůr her mit gewalt,
Als wolt es ob mir hin. 725
Mir fiel da in den sin
Glych in der selben frist:
Du syest wer du bist,
Ich will beschweren dich.
Ich reunspelt kecklich mich, 730
Es was mir nit ain schertz,
Doch vieng ich mannes hertz
Und sprach on allen spot:
„Ich bschwer dich by dem got,
Der dich erschaffen hat, 735
Das du still haltest drat,
Und sag mir bald die mer,
Was bist du oder wer?"
Zehant geschach min will,
Es hielt glych ob mir still. 740
Ich sache erschrocken an,
Mich daucht, wie rosz und man
Ob mir in lůfften schwebt,
Ich sach wol, das es lebt,
Wann es tet regen sich. 745

Der man swartz maisterlich
Gants in genået was,
Das ich uch sage das,
Dem glych on alles nain,
Als man die knaben klain 750
Hie lands yn nåen thůt,
Die umb die scharlach gůt
Thůnd rennen lôuffer pferd.
Erst kam mir ain beschwerd
Und nagelnůwer graus, 755
Solch angst die trib mir aus
Durch adern flaisch und hut,
Ich sag das überlut:
An mir kain herlin was,
Es wår von schwaisse nas. 760
Das hertz mir klopffen ward.
Wer ich an böser hard!
Gedacht ich in der not;
Es ist der grüszlich tot,
Der will lycht holen mich, 765
Ald es můsz syn warlich
Ain tůfel usz der hell.
Nun hin! sy was es well,
Ich will han mannes můt,
Och vesten glauben gůt, 770
Und wills beschweren bas.
Ee ich volbrachte das,
Ain krütz ich für mich tett
Und darnach alles rett:
„Ich båt dir annderwaid 775
By der triualtigkait,
Gott vatter, sun und gaist,
Disz myn gebot vollaist:
Sag mir, bist du gehewr?
Ich bswôr dich tief und tewr 780
Zům höchsten als ich kan."
Es ward mich sechen an
Und liesz sich her zehand.
Das ros vor mir verschwand,
Der man blatscht in die est. 785
Daran hůb er sich vest,
Das er daran behieng.
Ich waisz nit, wie es gieng:
Der schreck myn sinn erstört,
Das ich ensach noch hôrt. 790

701.2 ast: vast, vgl. 785 f. 718 l. rûrt oder ruckt? 732 veng. 734 beschwer. 756 Solich. 765 villycht. 769 haben. 779.80 gehewwer: tewer, 780 beswôr.

Mich wundert hüt zům tag,
Was wesens ich da pflag,
Ald was mich uffenthielt,
Das ich nit vallens wielt
Vom boum on alle hab. 795
Wann ich schlach nimmer ab,
Ich wår ain lange zyt
Von sinn und krefften wyt.
Zeletst halff mir gelück,
Das ich vieng aberkück 800
Mit ainem seussen grosz.
Erst sach ich lutter plosz
Den man ob mir im boum,
Der het ains pferdes zoum
In seiner rechten hand. 805
Du můst dich nieten schand
Mit disem wilden man:
Es ist nit annderst dran,
So war got lebend ist,
Dann sterben ald genist 810
Also satzt ich für mich,
Ich wölt in ritterlich
Und ylens gryffen an.
Nit vortail ich besan,
Desz schiesszügs ich vergasz, 815
Das schwert ich zucken was
Und rauschet hin gen im,
Mit etwas lutter stim
Rüfft ich: „wer bist du noch?
Du bist gefangen doch. 820
Kurtz umb, heb uff und swôr,
Gebrauch dich kainer wôr.
Ich stosz das schwert in dich."
Er schrei: „nim gfangen mich!
So gschiht mir lächter bas." 825
Er nannt mich: „bist du das?
Ich kenn dich an der sproch,
Und du mich billich och.
Darumb so thů gemachh!"
Ich sprach: „alls unglück lachh! 830
Bist du it der und der?"
„Ja, gůt gesell," sprach er
Zů mir, „was thůst du hie?
Wann ich het mich doch nie
Allda vermessen dyn." 835

Min schwert das stackt ich yn
Und sprach: „nun sag mir bald:
Wes ferst du in dem wald
Alls in den lüfften umb?"
Er sagt zů mir: „ich kumb 840
Usz ainem fremden land.
O mach mich nit zeschand!
Wann ich můsz ylens weg."
Ich sprach: „so bis nit treg
Und sag mir dinen gwerb, 845
Er sy süesz oder herb,
Wann ich den wissen will."
„Ach, machh der red nit vil!"
Sprach er mit stillem pracht,
„Du kummest, als ich acht 850
Zwar mynem herren wol,
Der ist vil wunders vol.
Er wills erfaren als,
Es gelt houbt oder hals.
Der hat gehört selbdritt 855
Von nůwer bůlschafft sit,
Das můst erfaren ich.
Nun lasz bald faren mich,
Die zyt wirt mir zekurtz."
Ich sprach: „wort, stain und wurtz 860
Die haben vil der krefft.
Ich hab dich hie behefft;
Darumb so tů mir schyn:
Was bůlschafft mag das syn?"
„Ach lieber, lasz mich quit! 865
Die zyt die dult es nit.
Das glaub uff mynen aid:
Ee ich mich von dir schaid,
So merck kurtz, was ich sag,
Gib mir denn darnach tag 870
Und nimb desz eben war:
Die stat, von der ich far,
In der die bůlschafft ist,
Grosz lieb und laid vermischt,
Die haisset 'alte stat'. 875
Ain schlos lyt hoch und glat
Uff ainem berg darob,
Gebauwen wol zelob:
Sin nam ist wol erkunnt
Und 'frödenburg' genannt. 880

795 Von. 824 gefangen. 827 kenne. 839 Allso; *man darf vielleicht auch den streichen.*

Die stat ligt in aim grund,
Als ich erfuren kund:
Die selb art überall
Nempt man 'das jamertal'.
Das glaub by trüw und hand." 885
Ich frugt: „in welchem land
Ligt sollich stat und schloss?
Mag man sefüfs ald ross,
Zewägen ald zeschiff
Den weg darzü han triff?" 890
Er sagt mir: „warlich nain,
Durch diser sachen kain.
Man müsz on all beschwerd
Den himel noch die erd
Zü weg berüren nicht. 895
Allnin im lufft beschicht
Der wanndel in disz stat.
Nun merck den namen glat,
Den ich desz lanndes fand:
Es haist 'das wasserland' 900
Darinn gar herrlich lyt
Die stat und gegne wyt.
Daruff schaid ich von dir."
„Nain, nain!" sprach ich, „sag mir,
So das hat solchen sin: 905
Wie kem ich och dahin?
Ler mich vor hie die kunst,
Das ich durch wolkendunst
Wie du inn lüfften far."
Er sagt: „so nim desz war, 910
Das ich kurtz von dir schaid.
Wilt du uff trüw und aid
Das niemant leren fort?"
Ich sprach: „geschwyg der wort!
Setz ainen mir hin dan." 915
Er sprach: „fürwar ich kan
Nit blyben, gůt gesell;
Thů wie ich immer well,
Mir ist ze kurtz getzilt.
Ich thů im wie du wilt. 920
Darumb so merk und spür."
Er zoch ain büch herfür,
Darinnen stünd von plůt
Schrifft und karacter gůt
Und namlich zirckel dry, 925

Etlich figur darby,
Beschwerungen der gaist.
Das minst und och das maist
Zů disem experment,
Wie man die kunst vollent 930
Und gründlich practiciert,
Lert er mich on brangniert
Und gab mir das in gschrifft.
Sin bitten was ser trifft,
Das ich im urlaub geb. 935
„Wie wol ich, wyl ich leb,
Vergisz des schrecken nicht,"
Sprach ich, „und der gesicht,
Yedoch vertzych ich dir
(Desz glychen thů du mir), 940
Und sag dir danck und eer,
Das du die kunst und ler
Mir gunstlich hast getan."
„So lasz in gůt bestan,
Das ich dich han erfert", 945
Sagt er: „die kunst ist gwert,
Darumb gehaim si halt,
Glück unnser baider walt!"
Da mit so schied er ab,
Ich gab im hilff und hab, 950
Bisz er vom boumen klam,
Den zaum zehand er nam
Und tet erschütten den,
Ain ros on alles wen
Das kam getrabet her, 955
Zů im, daruff sasz er.
Ich schwůr box werder lung;
Wann es thet ainen sprung
Wol zwaier gadem hoch.
Das kalb das Jäcklin zoch, 960
Darab er thet den val
By Urach ab tem tal
Sprang nie der selben zyt
Als dises ros so wyt.
Das glaub, als ob ich schwer: 965
Dem wilden wüttiszher
Fůr er glych durch den wald.
Ich ylt vom boumen bald
Sůcht mynen gsellen do.
Ich was sin nit unfro, 970

---

885 trw. 886 wellichem. 887 schosz. 905 sollichen. 929 experiment.
932 brangmert. 933 geschrifft. 969 gesellen.

Der schreck lag noch in mir.
Ich rüfft im ylens zwir:
„Hoho! wa bist du nun?
Wir wöllen lon durvon,
Darumb styg resch herab, 975
Wann ich dir nöttigs hab
Zesagen fremde mer."
Mit dem da kam er her
Und sprach: „was ist die sach?"
Ich sagt im allgemach. 980
Was mir geschehen was,
Und aller hande, das
Ich anfangs het betracht.
Er fragt: „was hat gesacht
Dir sollich fantesy?" 985
Ich sagt: „so bald mir by
Das klain gefügel kam
Und sinen stand da nam,
Von stund het ich kain rast
Dann fantessery vast, 990
Und felt mir yetzund yn,
Es möchten muse syn
Gewesen, als ich wen:
Virgilius von den
Schrybt hübsche abentür, 995
Wie das ir bilff und stür
Zetichten dienen sol."
Er sprach: „ich waisz das wol
Von hör ich sagen her,
Wie vil nun syen der 1000
Und wie si sind genannt,
Ist mir noch unerkannt,
Von wann und wer si sind."
Ich sagt: „so hör, ich find
Geschriben solche mer, 1005
Wie das gott Juppiter
Nůwn töchter het vil zart,
Von hocher kunst und art,
Och klûghait irer sinn,
Hiesz muse und göttin 1010
Als wolck si wyt und brait."
Min gsell bat, das ich sait
Der göttin namen im.
Ich sprach: „kurtz so vernim:
Die erst haist Euterpe, 1015

Darnach Caliope,
Die drit Thersicore.
Die vierd Melpomene,
Die fünfft haist Thalia,
Die sechst Polimnia, 1020
Die sibent Eratho,
Die achtent haist Clio,
Der nůwnden nam fürwar
Ist Urania zwar.
Allso sind si genannt." 1025
Er sprach: „thů mir bekannt
Mit kurtzen wortten schlecht:
Mainstu, du künnest recht,
Wie man thût faren hin?"
Ich sprach: „es hat den sin, 1030
Das ich kain lüge stifft."
Er gab mir das in gschrifft,
Das han ich da by mir;
Er segnet sich wol zwir,
Sagt: „lasz es sehen mich. 1035
Wilt du nit rüsten dich,
Erfaren solchen kauff,
Der nůwen bůlschafft lauff?"
Ich sprach: „nain, gůt gesell;
Es sy ym wie ym well, 1040
Min sachh hat nit gestalt
Umb ursach manigfalt,
Das ich von lande far.
Doch wilt du faren dar,
Desz hast du myne gunst. 1045
Ich gib dir och die kunst:
Allso die wyl du lebst,
Das du si niemant gebst,
Uud och mit dem beschaid,
Was du in lieb und laid 1050
Erfarest diser mår,
Es sy joch was das wår,
Das lasz mich wissen gar."
Er bot sin trüw mir dar,
Sagt: „das gewer ich dich. 1055
Ich han besinnet mich,
Das mir nit ligt daran.
Ich thûn als manig man,
Der wunder sůchen thůt."
Die kunst gab ich ym gůt, 1060

982 handt. 984 Er] Ich. 986 Ich] Er. 1002 och. 1003 wannen. 1005 soliche. 1025 si *fehlt.* 1032 geschrifft. 1037 solichen. 1040 sy wie. 1045 mynen.

Darzû die namen och
Der stat und schlosses hoch,
Den nam des tales wyt,
Das landt, darinn es lyt
Nampt ich im ongefer. 1065
Sin handt bot er mir her
Und gnadet flyssig mir,
Verhiesz mir och wol zwir,
Was er erfaren künd,
So bald er füg des fünd, 1070
Solt ich nit zwyfels hon:
Er wölt michs wissen lon.
Wir schieden daruff ab,
Ich sprach: „gelück dich hab
Allweg in siner pfleg!" 1075
Allso schied er hinweg.
Als nun vergieng fürwar
By ainem halben jar,
Das er nit wider kam,
Und ich von im vernam 1080
Kain botschafft so noch sust,
Mich selber da gelust,
Ze faren och dahin.
Ey nain, das hat nit sin:
Solt dem miszlungen syn, 1085
So wurd der schad och myn,
Gat es im aber wol,
So kumbt er, als er sol,
Ald schrybt mir aigentlich,
Als ich mich desz versich. 1090
 Das ich kurtz davon sag:
Es stůnd von tag ze tag,
Von monat hin ze jar,
Bisz sich verlieff fürwar
Jar sibne nach der zal: 1095
Ich het mich überal
Zwar sin verwegen gar,
Mich blangt och selb nit dar
Und schlůg es usz dem můt.
Das hat allso gerüt 1100
Bis heüwr, als ich uch sag.
Den ersten mayentag
Spaciert ich hin zefeld,
Da lust vil menig zelt
Het uffgeschlagen gantz 1105

Nach siner zierden glantz,
Und rait für ainen tan.
Da gegnet mir ain man,
Der taucht mich seltzen gnůg;
Ain altweg in her trůg 1110
Gerichtes gegen mir.
Er het ain fremd manir
Von gstalt und von gewand,
Desz glych in kainem land
Mir vor war worden schyn. 1115
Er grüst mich in latyn
Und fragt mich, wer ich wer:
„Bist du it," sprach er „der?"
Und nampt mit namen mich.
Ich mir gedacht besich, 1120
Wa her das wissen gat,
Wer in berichtet hat,
Wie ich mit namen haisz;
Was das betüt, wer waisz?
Doch sagt ich gütlich: „ja." 1125
Allso gab er mir da
Ain bůch und ainen brieff.
Sin gnygen was ser tieff:
Nach fremder differentz
Thet er mir referentz 1130
Mit houbt und och mit lyb.
Ich sprach: „gůt man, belyb!"
In bösz latin zů im.
„Die mainung doch vernim
Und kumb mit mir zehusz, 1135
Ich richt dich erlich usz
Nach dem und ich vermag."
Er sprach zů mir: „ich sag
Dir desz groz danck und eer.
Ich můsz die widerker 1140
Hin nemmen haim zestund."
Ich sagt: „so thů mir kund
Und sag gütlichen mir:
Wer hat mich zaiget dir
Allhie vor disem tan?" 1145
Er schmollt und sach mich an
Und sprach mit klůgem sitt:
„All frag hat antwurtt nitt,
Das lasz darby bestan.
So ich dir geben han 1150

1062 schosses. 1066 bat. 1097 iar. 1101 heüwer. 1113 gestalt.
1114 glychen. 1122 bericht. 1140 die] dir. 1146 schmollet. 1148 Alle.

Den brieff mit sampt dem bůch,
Zeband ich wider sůch
Den weg zekommen hin,
Den ich her kommen bin,
Als ich gesůcht dich hab." 1155
Er schied „valete" ab.
Ich sprach „proficiat".
Doch ettlich güldin glat
Die raicht ich im gar schůn.
Was solt ich annders thůn, 1160
Dann das ich nit was treg?
Ich rait hinhaim den weg
Mit girden und mit lust
All sachh verliesz ich sust
Und nam desz bůches acht: 1165
Beschlagen und gemacht
Was es kostlichen und
Het ainen fremden bund
Und och ain fremd clasur,
Daruff bla als lasur 1170
Dreü wort geschmeltzet was
Latinisch, als ich lasz;
Die hand nach minem sinn
Desz bůches tittel inn
Und lut in tütscher sprach, 1175
Ob ich es recht verfach
Und ir uszlegung sůch:
„Der nüwen liebe bůch."
Ich was desz bůches fro,
Wol zwir gedacht ich do: 1180
Hab danck, myn gůt gesell!
Gelůck und gůt gefell
Můsz walten diser mer.
Den brieff den nam ich her,
Gedacht allso darby, 1185
Was sin innhaltung sy
Besich von ersten gar.
Dann nim des bůches war.
Ich las die übergschrifft:
Die was für war gestifft 1190
Gar uff ain fremd gedicht.
Ich liesz mich irren nicht
Und brach in uff zehand;
Den rechten namen fand
Ich desz gesellen myn. 1195

Das liesz ich allso syn.
Da mit ich ylens fort
Den brieff von wort ze wort
Ze lesen da began;
Der vieng der mainung an: 1200
„Min will mit flysz berait
Zů aller dienstberkait
Der sy gar früntlich dir
Allzyt zevor von mir.
Wisz anfangs dise mer: 1205
Gieng es dir nach beger
Und gantzem willen dyn,
Nit liebers möcht mir syn,
Es geb mir fröd und můt.
Myn fründ und gselle gůt, 1210
Du solt in gůt verstan
Und nit verübel han,
Das ich disz myn geschrifft
Dir nit hon ee gestifft,
Wie dann in dem abschaid 1215
Gemachet durch uns baid
Ward zů der selben frist.
Mir unvergessen ist,
Das ich solt ainen kouff,
Ainr nüwen bůlschafft louff 1220
Erfaren aigentlich
Und dann berichten dich
Durch mich ald annder gwisz.
Darumb so merck und wisz:
Als ich schied von dir hin, 1225
Das ich her kommen bin
Mit angsten und mit not
Des anndern tages spot
Nach wysung deiner ler —
Was soll ich sagen mer? 1230
Du waist es selber bas,
Ob du syd hast etwas
Dar inn versůchung than,
Das lasz ich hie bestan
Und schryb dir das fürwar: 1235
Ich hab den yngang zwar
In dise stat gemait
Mit grosser listigkait
Erlangen můssen; merck:
Es hilft kunst, witz noch sterk 1240

1188 bůches. 1189 übergeschrifft; *vielleicht ist* überschrifft *zu ändern.*
1210 geselle. 1228 tags.

Noch aunder sachen kain.
Die jungen hond allain
Den yngang mengerhand,
Und nit die in dem stand
Glych unnserm altter sind. 1245
Daran ich och erwind;
Ich sy herkommen wie,
So bin ich yetzund hie.
So bald ich och herkam,
Mit flysz ich für mich nam 1250
Die sachenn und geschäfft,
Erfaren ungeäfft
Gantz und gar gflissenlich.
Die wyl du aber mich
In myner sachh bisz her 1255
Und anndern on gever
Geflissen hast erkennt,
So hon ich dir gesennt
Disz schrifft nit mögen eo
Usz der ursach, verstee, 1260
Bis ich nach mynem wan
Das gnůg erfaren han.
Da mir doch das nit tocht,
Das ich selbs kommen mocht
Muntlich berichten dich, 1265
Als du wirst hören mich;
Dann sich begab ain spil,
Ee ich desz louffes vil
Dennocht zeschryben west,
Das ich kam hert und vest 1270
(Merck myner geschrifft sag)
Uff disen nûwen schlag
Ouch hinder ain bůlschafft,
Da mit ich dann behafft
Bis hût zům tag noch bin. 1275
Deszhalb waisz ich den sin,
Die gwonhait und den sit
Von hören sagen nit,
Sust annder der funff sinn.
Ich bin syn worden inn 1280
Usz warem wissen zwar,
Syd mich hat ouch fürwar
Dirr bůlschafft flam erkennt,
Empfintlich hart gebrennt.
Da by magst du verstan, 1285

Das ich der sachen han
Erfaren ainen grund.
Doch ee ich dir mach kund
In gschrifft der sachh ain klain,
So will ich in gemain, 1290
Wie stat, schlos und das land
Mit namen sy genannt,
Was gwonhait und ouch sit
Den lüten wone mit,
Dir nit verhalten hie. 1295
Syd du bist ye und ye
Darzů genaigt bisz her
Zehören fremde mer,
So merck des ersten, wie
Der stute namen hie. 1300
Die haist 'die alte stat',
Ain schlos lyt darob glat,
Ist 'frödenburg' sin nam,
Uff ainer hohen klam.
Zům schlosz so gut kain weg, 1305
Nit brucken, styg noch steg,
Dann usz der stat allain
An ainem holen rain.
Die weg sind glat und schmal,
Die stat in ainem tal 1310
Ist 'jamertal' genannt
Und lyt im 'wasserlannt'.
Nun wisz zů diser frist:
Der herr, der gwaltig ist
Hie über lyb und gůt, 1315
Der selbig wonen thůt
In disem schlosz allweg
Und hat es wol in pfleg.
Er ist ain frummer herr,
Vol hoch und wyser ler, 1320
Und ist so kunstenrych,
Das niendert sin gelych
Erfunden hat nieman.
By anndern er wol kan.
Zwo kunst sind merklich grosz, 1325
Das er on underlos
Herniden in dem tal,
Im land gantz überal,
In stat und gegne wyt
Dem volck zů aller zyt 1330

1253 gflissenlich. 1275 Bis] By. 1277 gewonhait. 1289 geschrifft.
1308 helen. 1314 gewaltig. 1328 In dem; *man könnte auch ändern* übral.

Thût wonen by und mit
Mit solich klûgen sit,
Das in kain ouge sicht,
Das ore höret nicht
In noch sin hoffgesind. 1335
Die annder kunst ich find:
Der herr von anbeginn
Waist aller mennschen sinn,
Ir willen und gedanck.
Er hat in solchem zwangk 1340
Sin volck so ghorsamklich:
Es solt verwundern dich,
Wen er berûffen lat,
Es sy frû oder spat,
Der mûsz zû im dahin, 1345
Es sy sin schad ald gwin,
Und kûmbt herwider nit,
Doch wont in allen mit
Disz hoffnung vestigklich
Das er in thûe gütlich 1350
Und in genâdig sy.
Der herr als wandels fry
Hat ouch die stat besetzt
Mit vôgten unverletzt,
An die vil volcks gelaubt. 1355
Der ain ain gaistlich haubt,
Der annder weltlich ist.
Sie hand zû aller frist
Vil diener mengerlai.
Der stattthor der sind zwai, 1360
Die baide sind gemain:
Das bûrtthor haist das ain,
Durch das man kumbt hinyn.
Merck, gût geselle myn,
Durch das man kumbt hinusz, 1365
Das haisset wol mit grusz
Das tôtthor offenbar.
Die stat die hat fürwar
Gût grüben, tieff und wyt,
Hoch meüer zaller syt, 1370
Gar werlich vest und glat,
Das yn noch usz der stat
Kain mensch nie kam hie vor,
Denn durch die gmelten thor,
Der ich han zwai genennt. 1375

Die stat ist vor erkennt
So mechtig und so grosz,
Das ir gelych und gnosz
Hat oug gesehen nye.
Du findest nemlich hie 1380
Lüt aller zungen sproch,
Dar zû so findst du och
Hie allerhand gewerb,
Was du desz süesz und herb
Under desz himels schilt 1385
Gedencken kanst und wilt
Und sagen hast gehort,
Du findest unbethort
Dar zû all creatur,
So durch die vier natur 1390
Der elementen werd:
Lufft, wasser, feüwr und erd
Wol haben uffenthalt;
Wild, zam, jung oder alt,
Was gfider hat und lebt 1395
Und in den lüfften schwebt,
All vôgel in gemain,
Wie du wilt, grosz und klain,
Vindst du in aller wysz
Zû kurtzwyl, gsang und spysz. 1400
Noch mer man finden thût:
Was aller wasser flût,
Das môr und darzû me,
All bech und alle see
Von vischen môgen hon, 1405
Des bist du hie nit on
Was wunnder darinn ist
Findst du zû aller frist,
Es sy klain oder grasz,
Glych und in aller masz, 1410
Und minder nit der summ,
Dann Noe der vil frumm
Het in der arch by im.
Du vindest hie, vernim,
Was durch des feuwers krafft, 1415
Sinr würckung aigenschafft,
Gemachet werden mag.
Dartzû vindst du, ich sag,
Hie all metall, die man
Genemen mag und kan, 1420

1340 sollichem. 1341 gehors. 1362 bûrthor. 1370 ze a. 1377 allso.
1378 glych. 1382 findest. 1392 feüwer. 1399 Vindest. 1408 Findest. 1415
fürs. 1418 vindest.

Und was man daruss schmit,
Des hast du mangel nit.
Du findest ouch fürbas
Teglichen alles das
Die erd gebirt ald gyt, 1425
Yeglichs zů siner zyt:
All blůmmen lang und kurtz,
All krůter und all wurtz,
Gepflantzet und ouch sust,
Ir frücht nach allem lust 1430
Die vindst du alle jar,
All bernde boumen schar
Und alles holtzes wal,
Was wachsset überal
In aller welte kraisz, 1435
Das findst du hie, ich waisz,
Und allerlai gestain,
Si syend grosz ald klain,
Gerutschet und palliert,
Vil berlin und was zierd, 1440
Das findst du sunder won.
So magst du ouch gehon
Allhie in dirr refier
Wol aller hande tier,
Die du erdencken macht; 1445
Der vindst du überpracht,
Gewildes und och sam,
Tugenthafft und fraissam.
Es sy klain oder grasz,
Wie dann in siner masz 1450
Ain yedes ist gestalt,
Was sinen uffenthalt
In allen landen hat,
Was kryset oder´gat
Und in der erden nist, 1455
Wie das geschaffen ist,
Vergifftet oder rain,
Es sy och grosz ald klain.
Nun merck mich verrer wie:
All stend der mennschen hie 1460

Findst du nemlich fürwar,
Gaistlich und weltlich zwar.
Noch mer so folgt hernoch:
Du findst all örden och,
Die man erdencken kan 1465
Von frauwen und von man:
Ir ettlich reguliert
Und ettlich reformiert
Nach strenger observantz.
Du findest gar und gantz 1470
All glauben, secten gar
Allerlai menschen schar.
Noch mer so vindst du fort
Hie aller künsten hort
Verbotten und erlaubt. 1475
Das glaub gar unbetaubt
All huntwerck, wie man wil,
Gesang und suittenspil
Wirt alles hie geübt,
Was fröuwet ald betrübt, 1480
Das man erdencken mag,
Vindst du hie alle tag
In aller hande fůg.
Da mit sy dir genůg
Von zierd und costlichait 1485
Geschriben und gesait,
Die man hie finden thůt.
Nun merck, myn gselle gůt,
Die sach hat disen sin,
Darumb ich kommen bin 1490
In dise stat allher,
Das ich die waren mer
Dirr bůlschafft recht erfůr,
Damit ich nach der schnůr,
Dir schrib als es sich aischt, 1495
Und du dann selb wol waist,
Wie unnser abschid was.
Darumb so mercke das:
Der louff hat die gestalt,
Das jung und dar zů alt 1500

1425 ald] oder. 1426 Ain yeglichs. 1428 Alle. 1431 vindest. 1432 bernd.
1436 findest. 1437 edel gestain. 1440 beslin. 1441 findest. 1446 vindest.
1459 verer. 1461 Findest. 1464 findest. 1467 gereguliert. 1468 gereformiert.
1470 fundest. 1471 sectn. 1473 vindest. 1477 Alle. 1482 Vindest. 1488
geselle; *man könnte auch* myn *streichen.*

Disz bûlschafft ûben ser,
Doch annders niemantz mer,
Dann die und dero kind
In uunserm glauben sind.
Die tryben disen schimpff 1505
Und doch mit dem gelimpff:
Welch mannsnam ist so klûg,
Das er mit gûttem fûg
Wybs gunst erwerben kan,
Allso das si im gan 1510
Dirr bûlschafft lieb mit ir,
Und das ir baider gir
Sich der verainen thût.
Do ist der hôchste mût
Von hertzenn und von sinn. 1515
Mir ist das noch wol inn,
Wie by unns etwen was,
Und du waist selber bas,
Wer bûlscher liebe pflag,
Was sorgenn darinn lag, 1520
Anfechtung swer und grosz,
Betrügnusz onn all mosz,
Smach schand zum dikern mal,
Verlangen, senes qual,
Bekrenckung, lybes macht 1525
Da by du auch betracht
Vil untrüw manigfalt,
So sich darinn enthalt
Mit triegen unvertzagt,
Geurlaubt, abgesagt, 1530
Gantz unverschulter sach
Grosz trauwren, hertzen ach,
Lang armût, kurtze frôd,
Und sust meng laster schnôd,
Vil bitter gallen krafft 1535
Und lützels honigs safft,
Als du wol wissend bist,
Und och offt gschehen ist,
Das übel laides ach
Unz handlung solcher sach 1540
Erwachssen ist untz her.
Nun hôr ain wares mer,
Das sagt Therencius:
Das vil bekümmernusz
ȷn bûlscher liebe sy; 1545

Er sagt och, wie da by
Solch lieb die lût verker,
So das man si nit mer
Erkenn in solchem schyn,
Als si vor sind gesyn. 1550
Die yetz gerürten stuck
Ich alle dannen ruck,
Dann ob das wol geschicht,
Das man hôrt oder sicht
Ald desz sust wirt gewar, 1555
Das sich in lieb ain bar
Mit bûlschafft hat veraint,
Und das gar hat vernaint,
Von im kumbt an den tag,
Darumz da kumbt kain klag, 1560
Kain laster smach noch schand.
Man acht in allem land
Das wol und recht gethan.
Nach ains solt du verstan,
Das ist ain grosse gnad: 1565
Der liebe letsten grad,
Desz hast du wol gewalt,
Dins hertzen uffenthalt
Zesehen alle zyt
On allen widerstryt. 1570
Das ist gemain der sit
Benûget dich desz nit,
So magst du spat und frû
Dym bûlen sprechen zû
Mit mund und och mit hand. 1575
Das thût gar niemand and.
Dir wirt, hast du zedanck,
Ain fraintlich umbefanck
Mit willen ungenôtt,
Ob dann ain kusz dich frôtt 1580
Zencumen oder thûn,
Geschicht mit frid und sûn
An wanngen oder mund.
Noch mer thûn ich dir kund:
Gar nackt ald in gewand, 1585
Wie man im Niderland
Im glauben ligen thût,
Stat dir dartzû dyn mût
Das wirt dir nit versagt
Zeûben unvertzagt. 1590

1522 alle. 1526 du *fehlt*. 1532 trauwrern. 1533 Lange. 1534 menig.
1538 geschehen. 1540 sollicher. 1547 Solich. 1549 solichem. 1556 am bar.
1574 Dynem. 1585 nacket; *auch* gwand *wäre möglich*.

Ob dir das alles fügt
Und dennocht nit benügt,
So hör noch ainen sitt,
Der uns hie wonet mitt:
Da gilt es erst umb recht, 1595
Dyn suchen die sind schlecht.
Wilt du der lieben zû,
Das gschit mit gûter rû:
Du bist gar sorgen fry,
Desz glychen dyn amy, 1600
Es sy tug oder nacht,
Wenn du erdencken macht.
Dartzû bedarffst du ouch
Nit stygen, klimmen hoch,
Dann dir wirt willig vor 1605
Geöffnet thür und thor
Und ylens uffgethan,
Gar gütlich yn gelan.
Dir wirt fraintlicher grüsz,
Du hast der sorgen büsz 1610
Und bist alls schreckens quit,
Wirst überloffen nit;
Sich understat niemand
Dyn hobt, lyb, fûsz noch hand
Mit waffen wunden dir. 1615
Deszhalb du wol empir
Zesûchen flûcht und grausz
Mit springen, fallen uss.
Und das du merckest das:
So magst du pflegen, was 1620
Ain man mit liebem wyb
Und wyb mit mannes lyb
Nach lyplicher beger
Mag baide si und er
Nach hertzen, gird und macht 1625
Getryben tag und nacht,
Noch lust in fröden hoch;
Das magst du ûben och,
Wenn dich gelust und glangt,
Gantz nichtz damit gebrangt. 1630
Du lebest wie du wilt,
Dir wirt nit yngebilt
Kain forcht noch sorg darum.
Das ich zeende kum,
So merck, wie ich dir setz 1635

Noch ains zû guter letz:
Wem das zethûn getzimbt,
So das er aine nimbt
Nach diser bülschafft pflicht,
Und si im die verspricht 1640
Zebalten fürohin,
Der hat vorusz den gwin,
Das si von im nit wycht;
Es sy schwer oder lycht,
Si blybt im unverkôrt. 1645
Ir bûl, was si der lert
Ald haist thûn oder lon,
Dem ist si underthon
Und volget niemantz sust.
Das wer ain grosser lust 1650
Gewesen etwen dir.
Welch aber ir begir
Zû anndern setzen thût,
Das si umb zytlich gût
Ald annder sachen ain 1655
Ir liebe macht gemain,
Das si ir trûw und pflicht
An irem bûlen bricht;
Wirt ir bûl desz gewar,
So hat si gantz und gar 1660
Ir lob und eer verspilt.
Wa das von ir erschilt
Allhie in disem land,
So ist es ir ain schand.
Besunder noch vil mer 1665
So hat si desz uneer
Vor all ir früntschafft hie;
Si wird gestrafft, merck wie:
Haimlich und offenbar
Von den regenten zwar, 1670
Die haben desz gewalt
Der herr ym vorbehalt
Die büsz und ouch die rach.
Mit dem so volgt hernach,
Das ich dir nit verhalt, 1675
Wie myn sach hab gestalt,
Das sy dir kurtz entdeckt.
Ich ward in lieb bewegt
Zû ainer hie die mir
Gefiel, desz glych ich ir 1680

1598 geschit. 1618 faller. 1629 glust. 1639 bulschafft. 1642 gewin.
1653 Zû. 1655 All. 1663 dem.

Das wir mit fryem mût
Uns zwai mit willen gût
Verainten uff ain ort.
Du hast es vor gehort
Anfangs in myner gschrifft: 1685
Die liebe übertrifft
All alt vergangen sach,
Und das in alter swach
Ze jungen müglich wer,
Ald das in jugent der 1690
Ze altten still solt ston.
Desz leben so gethan,
Zů fröden ist gericht,
Wer ze verwunndern nicht.
So sich nun hat geschickt, 1695
Das ich bin so verstrickt
Mit solcher bůlschafft gail,
So hat den maisten tail
Der waren rechten mâr
Was lustes und beschwâr 1700
Verborgens hie vermischt
In diser bůlschafft ist.
Myn bůl berichtet mich:
Du vindest aigentlich
Der sachen grund und main 1705
In disem büchlin klain,
Das ich dir hie mit send,
Von anfang bisz ze end.
Deszhalb ich wol empir
Davon ze schryben dir. 1710
Da mit so hab ze danck!
Myn sinn die sind ze kranck,
Der will wer sust berait,
Doch wirt dir uszgelait
Nach text und glosz der sin, 1715
Als du vindst namlich in
Dem bůch geschriben stan.
Wiltu myn früntschafft han,
So mach es nit gemain
Usz der ursach allain, 1720
Das es nit yederman
Verstan zů rechte kan.
Und der es nit verstat,
Verachtet es vil drat.
Darumb behalt es dir 1725

Ich lůd dich her zů mir,
West ich nach schetzen min
Noch ainen bůl dich sin,
Das du och wurdest gwar
Der süessen hertzennar. 1730
Doch sy dir baim gestelt,
Was dir darinn gefelt
Und wisz zů diensten mich
Berait dir willigklich.
Glůck dich in fröden halt!" 1735
Das datum was nit alt.
Als ich den brieff gelas
Von wort ze wortten, was
Ich do geschriben fand,
Da nam ich her zehand 1740
Das bůch mit lust und flysz.
Es was uff birment wysz
Von hand geschriben klůg,
Mit maisterlichem fůg
Gerymet und gedicht. 1745
Ich spart mich lenger nicht
Und was darzů behend,
Bis ich es het zeend
Gelesen gantz und gar.
Ob ich gesagen thar, 1750
Was sin inhaltung sy,
Da wont mir zwyfel by,
Was mir ze thůn getzim.
Uff das so ich vernim,
Das myn geselle gůt 1755
Mir das verbieten thůt,
Das ichs nit mach gemain,
Und mir behalt allain,
Darumb will ich das lan
Zů diser zyt bestan 1760
Im besten als das stat,
Bisz ich vor wysen rat
By gůten fränden sůch,
Ob ich it dises bůch
Söll kommen lan herfür. 1765
Da mit ich nach gebůr
Darinn ze handeln hab.
Ich schlach als dann nit ab
Ze volgen gůter ler,
Des halb ich yetzund ker 1770

1681 wir] wirt. 1685 geschrifft. 1686 Die] Der. 1697 sollicher. 1716 vindest.
1726 lůd.

Ze ende disz gedicht.
Ob nun wirt funden icht,
Das straffber ist darinn
In rymen, wort ald sinn,
Wer das gebessern kan, 1775
Es sy frauw oder man,
Dem gan ich wol der müe,
Das er das bessern thüe,
Wa es gebresten hat.
Wer es dann blyben lat 1780
In gůt mir unverkert,

Desz seld werd hoch gemert
In fröden hie und dort.
Hie mit so hab ain ort
Disz ticht usz sinnen kranck. 1785
Ir göttin, habent danck,
Das ich on argen won
Disz arbait hab gethon
Nach gotz geburt fürwar
Viertzehenhundert jar 1790
Und sechsundachtzig zwar.

1777 mûe; thûe *steht ebenso einsilbig* 1850.

Die Sprache.

A. **Die Sprache des Dichters** zu erkennen dienen vor allem die Reime: sie beweisen, dass der schwäbische Drucker das Werk eines Landsmanns wiedergibt, denn sie tragen ebenso wie die Orthographie das Gepräge der schwäbischen Mundart. Dass sich nicht alle Fragen befriedigend lösen lassen, daran ist weniger der geringe Umfang als der Umstand schuld, dass wir es durchweg mit stumpfen Reimen zu tun haben.

1. Vocalismus.

Was die **Quantität** der Stammsilbenvocale angeht, so ist eine Verschiebung gegenüber der mhd. Zeit nur in beschränktem Umfang eingetreten.

a und *â* reimen jedes nur unter sich; denn wenn wir in unserem Werkchen unter einander reimen sehen

 an : an 18 mal,
 ar : ar 20 mal,
 ân : ân 20 mal (+ *ân : ôn* 2 mal),
 âr : âr 15 mal,

so ist klar, dass die beiden Reime *jâr : schar* 1431 f. und *plân : an* 113 f. als unreine anzusehen sind, bei *bar* (= *par*) : *schar* 125 f. : *gewar* 1555 f. aber das Fremdwort seine ursprüngliche Quantität gewahrt hat.

ât und *at* sind gleichfalls im Reime scharf geschieden, wenn man sich nicht bei *stat : tractat* 543 f. an der Quantität des Fremdwortes stösst; dagegen reimt *ât* zweimal auf *ôt*, s. u. — Ganz ebenso steht es bei *âch* gegenüber *ach*, bei *âz* gegenüber *az* (wo nur im Nachton gelegentlich Kürzung eintritt: *applas : das* 258, aber *underlos : grosz* 1326), ja sogar *âcht* ist von *acht* scharf geschieden.

Ebenso reimt *i* nur unter sich, nicht mit *ie* oder *î*; Ausnahme macht wieder nur ein Fremdwort *munir:mir* 1112 und die Kürzung im Nachton bei *-lich*, das immer auf *mich, dich, sich* reimt: 9. 143. 382. 402, 647. 746. 766. 812 u. s. w. Auch *o* und *ô* werden nur einmal in *nôt:spot* 1227 f. und wegen Kürzung vor Doppelconsonanz in *gehôrt:ort* 1683 f. gebunden; *schlosz (:ros)* 887 ist schon mhd. Nebenform.

Über *ü (û, üe), u (û)* ist nichts zu bemerken.

Eigenartig aber liegen die Verhältnisse bei den *e*-Lauten. Über ihre Schreibung handle ich unten beim Drucker: hier nur von den Reimen.

Das alte *ê* (germ. *ai*) ist nur vor *r* in *sêr, mêr, lêr, kêr, êr* bezeugt und wird hier nur unter sich gebunden. Für das Umlauts-*e* ist überhaupt keine Bindung mit Länge bezeugt, denn in dem einen Beispiel *pferd:beschwerd* 753 f. ist bei dem zweiten Worte Kürzung vor Doppelconsonanz eingetreten, der Umlaut übrigens von der jüngeren Schicht.

Dagegen wird in ziemlich beträchtlichem Umfang das alte (und gebrochene) *ë* gereimt mit *æ*, dem Umlaut von *â*. Ich gebe die Beispiele vollständig:

 dën:wen (= *wæn'* und *wænen*) 445 f. 953 f. 993 f.
 dër:wer (= *wær'*) 1117 f. 1689 f.
 ër:mer (= *mær'*) 683 f.
 wër:mer (= *mær'*) 737 f.
 hër:wer (= *wær'*) 153 f.
  :*mer* (= *mær'*) 695 f. 978 f. 1183 f. 1297 f. 1491 f.
  :*schwer* (= *swær'*) 367 f.
  :*gever* (= *gevær'*) 1255 f.
 begër:wer (= *wær'*) 415 f. 1491 f.
  :*mer* (= *mær'*) 1205 f.
  :*schwer* (= *swær'*) 571 f.
 Jupitër:wer (= *wær'*) 399 f.
 wëg:trey (= *træg'*) 843 f.
 gebët:spet (= *spæt'*) 353 f.

[Dazu kommen die beiden Kürzungen *ërd:beschwerd* (= *beswærde*) 893 f., *gewërt:erfert* (= *erværet*) 945 f. und der gewiss unreine Reim *himelsper* (= *spære):verr* 149 f.]

Mit dem Mangel an Reimen von *æ:ê* sind diese Reime *ë:æ* für den Schwaben besonders bezeichnend: sie finden sich ebenso häufig bei Hermann von Sachsenheim (Martin S. 40) und hier auch bereits auf beiden Seiten diphthongisch *ea* geschrieben, s. Kauffmann, Gesch. der schwäb. Mundart § 69.

Mehr Characteristisches aber ergiebt die **Qualität** einzelner Vokale. Was die Qualität der *e*-Laute angeht, so ist die Scheidung von altem *ë* und Umlauts-*e* schon durch das vorausgehende erwiesen. Gebunden werden beide nicht gern: *tet*: *ret* (= *tete*: *redete*) 599 f. 773 f. verdient Beachtung. Anderseits ist das Umlauts-*e* gelegentlich mit *ö* gebunden: *rett*: *gött* 379 f.

Die Bindung *darvon*:*nun* 973 f. spricht für die dunkle Färbung des *o*.

â ist für das Bewusstsein des Dichters bereits soweit mit *ô* zusammengefallen (vgl. Kauffmann § 61 f.), dass er in V. 239 in seiner Auflösung des Wortes 'amor' als mit *o* anlautend geradezu das Wörtlein *on* (= *âne*) anwendet. Dies *ô* < *â*, vom Drucker bald auseinandergehalten, bald als *ô*, bald als *â* mit dem Reimwort graphisch vereinigt, findet sich:

vor Nasal: *on* : *don* 239.
vor Dental: *rot* : *lot* ('pondus') 315.
               spot : *not* 1228.
vor ʒ: *mosz* : *grosz* 548. 700. 1522.
           underlos : *grosz* 1326.

und mit umgekehrter Schreibung:
           masz : *blasz* 38.
           masz : *grasz* 1450.
vor *st*:   *hast* : *trost* 423.

schliesslich vor *ch*: *hernoch* : *hoch* 410.

Dieser letzte Fall verknüpft das Schicksal des *â* mit dem des *ou*; denn anderseits reimt

och (< *ouch*) : *hernoch* 671. 1463 : *darnoch* 463. *sproch* 1381.

und ebenso stark sind die Belege für *ou*:*ô*:

och (*ouch*) : *hoch* 348. 1061. 1603. 1628.

Hier ist also vor *ch* für *â*, *ou* und *ô* der gleiche oder doch ein sehr verwandter diphthongischer Wert nachgewiesen, wie ihn Kauffmann § 60. § 79. § 94 als *ao* für die drei Laute festsetzt. Die entsprechenden Belege für Sachsenheim gibt Martin S. 43.

ou reimt auf *ó* in den Reimen
fród : *schnód* 1433 f.
frótt : *ungenótt* 1579 f.
vgl. Kauffmann § 85, 3. § 95, 1.

uo vor Nasal setzt Kauffmann § 97, 2 als ϱ^3 an; dem entsprechen unsere Reime:
tûn : *schûn* (adv. *schône*) 542. 1160.
: *lon* ('praemium') 682.
thûm : *Rûm* (*Rôme*) 300.

Soviel über die Vocale der Stammsilben. Was die Vocale der Mittel- und Endsilben anbetrifft, so unterliegen sie weitgehender Syncope und Apocope, die allein den Gebrauch des durchgehends stumpfen Reims ermöglichte. Darüber s. d. Metrik.

Von den Erscheinungen der (bairischen) Diphthongierung und der (mitteldeutschen) Monophthongierung findet sich in den Reimen des Werkchens keine Spur.

2. Consonantismus.

Vom Consonantismus tritt im Reim hauptsächlich nur der schwäbische Übergang von *st* > *scht* zu Tage (Kauffmann § 153)
ist : *vermischt* 873. 1702.
waist : *aischt* 1496.
wëst : *geleschet* 366.

Sonst ist wenig genug zu bemerken: *h* fehlt in *nit* (: *sit* 370. 1148. 1278; : *mit* 621. 1347; *quit* 866. 1612), ist aber sonst in allen Lagen erhalten, tritt im Auslaut mit *ch* gleichwertig in den Reim. — *s* und *z* sind wie in der Praxis des Druckers so auch in Aussprache und Reimen längst zusammengefallen; *das* : *was* 411 f. 419 f. 427 f. u. s. w., *sasz* : *was* 565 f. *gewisz* : *wisz* 1223 f. — *w* nach Consonant im Inlaut erscheint als *b* und mit *b* gebunden in *herb* : *gewerb* 845. 1384.

---

1) Der überlieferte Reim *brunst* : *(un)vernunfft* v. 177 f. und 189 f. ist nur scheinbar unrein. Da bei beiden Reimworten Doppelformen möglich sind, so muss nach Fällen entschieden werden, wo das eine Reimwort nur eindeutig ist: durch V. 483 f.: *vernunft* : *zuokunfft* wird die Richtigstellung in *brunfft* : *(un)vernunfft* gefordert.

Die Gruppen *aget* und *eget* sind beide zu *ait* geworden und werden anstandslos mit den alten Diphthongen gereimt:
sait, gesait : *brait* 1012.
: *hait* 252. 669. 1486.
: *uszgelait* 473 f.
uszgelait : *berait* 1773 f.
Um so merkwürdiger ist der Reim *gelegt* : *entdeckt* 271 f., der doch wohl auf fremder Tradition beruhen muss.

Einen kleinen Zuwachs unserer Resultate über die Sprache des Dichters erhalten wir durch Betrachtung der

Schreibung des Druckers,

welche sich soweit mit der durch die Reime bezeugten Sprache des Autors deckt, dass ihre Betrachtung geradezu das oben gewonnene Bild ergänzen kann. Die schon oben durch einen Reim bewiesene Aussprache des *â* vor *n* als *ô* wird weiter belegt durch die Schreibungen: *lon* (= *lâzzen*) : *on* (*âne*) 437 f., : *hon* (*haben*) 107 f., : *underthon* 685 f., : *ston* (*stân*) 685 f.; *hon* (= *haben*) : *on* (*âne*) 1405 f.; *ston* (= *stân*) : *gethan* 1691 f.; *won* (*'opinio'*) : *gehon* (*gehaben*) 1441 f., : *yethon* 1787 f.; *ongefahr* 70; *hont* (= *hânt*) 1242; *noch* (= *nâch*) *lust* 1627 u. s. w.

Was wir für die Aussprache des *ou* aus den Reimen constatierten, findet insofern seine Bestätigung, als der Druck für *ou* vor *ch* vorwiegend *o* schreibt, im Reim wie im Versinnern, z. B. *och* (nur um dies Wort handelt sichs) 10. 76. 88; anderseits *houch* : *ouch* 347 f.

Anderseits ist für *ou* vor *m* die Schreibung *a* (d. i. *ao*) vorhanden: *bam* : *gam* 101 f. *bam* : *tram* 115 f. neben *boum* : *zoum* 803 f. und *bóm* : *góm* 719 f.; vgl. Kauffmann § 94, 2. Die nhd. Diphthongierung der langen Monophthonge *î, û, iu* ist erst teilweise durchgedrungen: unter 369 alten *î* sind nur 10 in *ei* diphthongiert, d. h. noch nicht 3%, und zwar sind es 8 mal die Possessivpronomina *mîn, dîn, sîn*, in denen die diphthongierte Schreibung erscheint, ausserdem *zeit* 307, *speiss* 493. Sonst ist *î* durch die Schreibung *y* (wenn auch nicht consequent) von *i* geschieden. Viel weiter ist die Diphthongierung schon vorgeschritten bei *û*: unter 71 alten *û*, die ich gezählt habe, sind 13 diphthongierte, als *au* geschrieben, d. h. $18^{1}/_{2}$%.

Am weitesten geht die Diphthongierung bei *iu*: unter 45 *iu*-Lauten sind 12 mit der Schreibung *eu* (*eü*), 2 gar mit *ai* (*fraintlich* 1578. 1609), also 31 % diphthongisch. — Dabei ist freilich nicht eingerechnet der Acc. (+ Dat.) Plur. der 2. Pers. des persönl. Pronomens: für *iuch* findet sich durchgängig die Form *vch* (30. 51. 591. 748 u. ö.), was nur den gekürzten Laut ohne Umlaut wiedergeben kann [1]). Reimbelege fehlen.

Was die Schreibung der alten Diphthonge angeht, so wird *ei* stets als *ai* (Ausnahme *heilig* 706) geschrieben und ist dadurch auch von den paar Fällen, wo der neue Diphthong graphisch auftaucht, geschieden. — Dagegen sind für *ou* die beiden Schreibungen *au* und *ou* ungefähr gleich häufig; *o* kommt ausser in *och* nur vereinzelt vor: *hobt* 1614.

Charakteristisch für den schwäbischen Dialect und den Reimen auf *schnód*, *ungenótt* (oben S. 33) durchaus entsprechend ist die durchgehende Schreibung des *öu* als *ó* in *fród*, *fróden* (1209. 1693. 1735. 1783 u. ö.); *frótt* (1580).

uo und *ie* bewahren durchaus ihre diphthongische Natur auch in der Schrift, jenes als *ú* neben dem gelegentlich *ú* vorkommt (*gút* 290, *plút* 184), dieses als *ie*. Der Umlaut *üe* wird gelegentlich im (erweiterten) Conj. *thüe* 1350. 1778 *üe* geschrieben; seine normale Schreibung wäre *ú*: *süss : begrúss* 373 f., das aber meist durch *ü* verdrängt ist, sodass die Umlaute von *u* und *uo* im Druck tatsächlich zusammenfallen; dazu noch altes *iu*!

Was die *e*-Laute angeht, so ist die überwiegende Schreibung für alle: *ë*, altes und junges Umlauts-*e*, *é* und *æ* einfach *e*. Daneben kommt für den Umlaut von *á* nicht ganz selten *á* vor: *kám*, *rám* 137 f., *már*, *wár* 321 f.; vereinzelt (vor *n*!) *ó* in *plón* (Plur.) 100. Altes Umlauts-*e* vor *r* einerseits und vor Affricata andererseits erscheint zuweilen als *ó* geschrieben: *mór* 1403. *swór*, *wór* 321 f.; *schöpfer* 154. Andere Schreibungen sind nur ganz sporadisch vorhanden und können nur dazu dienen, eine gewisse Unsicherheit des Setzers zu beweisen.

Den einzigen Beleg einer Nasalierung bietet der Drucker in *reunspelt* (mhd. *riuspelte*) 730.

---

1) Als Kürzung erscheint auch der Komparativ *láchter* 825, dem der constante Positiv *lycht* (im Reime nur auf *wycht* = *wichet*) zur Seite steht.

Alles in allem gibt der Druck die dialectischen Eigentümlichkeiten der Reime getreu wieder, zeigt dieselben Erscheinungen, nur naturgemäss fortschrittlicher, auch im Versinnern und enthält von sporadischen Schreibungen abgesehen nichts was dem Bilde der Mundart des Dichters widerspräche: wir dürfen vielmehr den Druck, wenn auch erst an zweiter Stelle, mitverwerten.

Nicht anders steht es beim Consonantismus, für den die Reime weit weniger Anhalt bieten.

Dem Auge fällt besonders die häufige Vertretung anlautender Media durch die Tenuis auf:

g vor *l* > *k* : *clasur* V. 1169 (Kauffmann § 155, 5 b),

p steht für *b* (Kauffmann § 171, b):

pald 356, 425, *pöllen* (bellen) 141, *ploss* 802, *plût* 923, *pracht* 124. 849 (92 : *bracht*), *verplüm* 697, *empir* 1709. 1616, *augenplick* 1664.

t für *d* (Kauffmann § 166) *tüttung* 201. *betüttet* 256, *betüt* 1124, *tütsch* 272, *teütsch* 290, *taucht* (= *dûchte*) 1109, *trang* (Prät. v. *dringen*) 123), *triualtigkeit* 776.

So wenig wie der Dichter hält der Drucker den Unterschied zwischen *s* und *ſ* fest, wirft vielmehr in seinen beiden Zeichen *s* und *ß* beide beständig durcheinander.

Den Übergang *st* > *scht* macht der Drucker in den Reimen gelegentlich mit: *wescht* 365, geht aber niemals darüber hinaus.

Dagegen tritt für anlautendes *sl, sn, sw* fast durchweg *schl-, schn-, schw-* bei ihm ein: *schlosz* 876. 887, *beschlüst* 234, *schnür* 59. 710, *schnür* 1494, *schwer* 367. 571. 965. 1434, *beschwerd* 753. 803, *beschwär* 1700, dagegen *smach* 1523, *swach* 1688. Jüngere Auslauts-Consonanten sind angetreten in: *annderst* 808, *dennocht* 1269. 1592, *waist* (= *wais*, 3. Pers. Sing. Praes.) 1338 [1]), (ich) *kumb* 840, *kumb* (Imper.) 1135, *nimb* 871 (umgekehrte Schreibung).

Zwischen *m* und *t* tritt gern *b* (*p*) ein: *kumbt* 106. 1088. 1347, 1363. 1365. 1559. 1560, *überkombt* : *frumbt* 643, *saumbt*(-e) V. 360, *nimbt* 508. 498, *nimbt* : *getzimbt* 493 f. 505 f. 1637 f., *nempt* 884, *nampt* 1065. 1119, *sampt* 1151.

---

1) Diese frühe schwäbische Anologieform braucht der Dichter im Reime nicht: V. 1124 *wer waisz : haisz*.

Formenlehre

Hier ist nur sehr wenig zu bemerken. *lieby* 274. 275. 280. 286 ist alemannisch. Ebenso das part. praet. *gesyn* 1550. Vor allem die Ausdehnung der Endung *ent* (*-end*) auf die 2. Pers. Plur. des Ind. Praes. und bes. des Imperativs: *habent* 1786. 56. *helffent* 36. *gebent* 66. *machent* 34. *schwebend* 49. *nemend* 48. Auch in die 3. Pers. Plur. Conj.: *syend* 1438 dringt die Endung ein und weiterhin ins Praet.: *wurdent* 365. *warent* 373.

Die für alemannische Quellen charakteristische Praesens-Form *gangen* finden wir v. 104 *gang wir*.

Anderes kommt im folgenden Abschnitt zur Sprache.

Metrisches.

Der Dichter bedient sich eines Metrums, wie es nur eine Zeit des Verfalls hervorbringen und zu längern Gedichten verwenden konnte: dreimal gehobener Verse von iambischem Rhythmus, die paarweise stumpf gereimt sind; nur den Schluss des ganzen markiert ein Dreireim *fürwâr : jâr : zwâr*. Über seine rohen metrischen Principien hat sich der Vf. 37 ff. deutlich genug ausgesprochen: er ruft die Musen an, ihm zu helfen *Disz ticht mit rymen blasz Nach rechter sal und masz Und silben sechssen stuntz Usztailen by der untz*. Er will also sechssilbige Verse mit stumpfem Ausgang bauen und zwar aufs genauste abgemessen. Damit begibt er sich ausdrücklich der Freiheit, die sich Hermann von Sachsenheim noch in Dichtungen von ähnlicher Form gewahrt hatte, und wir selbst müssen den Massstab der hier ausgesprochenen Grundsätze zunächst an die Überlieferung legen.

Da stellt sich denn heraus, dass auch in unserm Drucke nahezu 94 % der Verse sogar graphisch in Ordnung sind, gewiss ein vortreffliches Zeugnis für die Güte der Überlieferung. Es finden sich 16 Verse mit 5 Silben und 95 mit 7 Silben.

Die Heilung der erstern gelingt fast durchgehends mit selbstverständlichen Änderungen der Schreibung; es war also einzuführen 360 *frawe* st. *fraw*, 481 *geboren* st. *geborn*, 587 *rede* st. *red*, 589 *merket* st. *merkt*, 696 *ferre* st. *ferr*, 982 *hande* st. *handt*, 1122 *berichtet* st. *bericht*, 1228 *tages* st. *tags*, 1378 *gelych* st. *glych*, 1415 *feuwers* st. *fürs*, 1432 *bernde* st. *bernd*, 1471 *secten* st. *sectn*, 1629 *gelust* st. *glust*; anderweitige Änderungen waren nur vorzunehmen 1040 *Es sy ⟨ym⟩ wie ym well*, 1526 *Da by ⟨du⟩ auch betracht*, schliesslich 1663 *disem* st. *dem*.

Auch die Beseitigung der überschüssigen Silben bietet nur in wenigen Fällen Anlass zu Zweifel oder gar Schwierigkeiten. Meist genügt eine einfache Syncope oder Apocope. Hier seien nur die am häufigsten vorkommenden Fälle aufgeführt. Da sind zunächst die Präfixe *ge-* und (weit seltener) *be-*: wenn wir 521 *gsicht*, 1012 *gsell*; 261 *gwalt*, 845 *gwerb*; 1395 *gfider* gedruckt finden und vieles ähnliche, so dürfen wir getrost auch 86. 969. 1210 *gselle*; 1277 *gwonheit*, 1314 *gwaltig*; 824 *gfangen* einsetzen

u. s. w. Die Part. Praet. der Fremdwörter *gereguliert* und *gereformiert* 1467 f. habe ich dagegen lieber ohne *ge-* gesetzt, wofür bereits im Mhd. zahlreiche Belege sprechen. Man kann auch schwanken, ob das metrisch einsilbige *geschrifft*, das so oft vorkommt (265. 933. 1032. 1289. 1685; 1189) nicht einfach durch *schrifft* zu ersetzen sei. — Für *beschwer* 734. 780 finden sich in der sonstigen Schreibung keine genauen Parallelen.

Syncope eines *e* der Flexionssilbe erscheint hart in v. 13. 415 *mi'ner (si'ner) bege'r*, ist aber 1416 *Sinr wü'rckung ai'genscha'fft* auch überliefert. Während der Druck ein einsilbiges *fürs* statt des verlangten zweisilbigen in v. 1415 bietet, hat er vorwiegend *hewer* resp. *heüwer* (70. 1101), *tewer* (780), *ewer* (33. 65), *feüwer* (1392), *gehewer* (34. 779). — Auffällig ist die constante Schreibung *sollich (solich)* und *wellich* auch da, wo es einsilbig gelesen werden muss: 563. 756. 886. 905. 1005. 1037. 1340. 154). 1547. 1549. 1697; die zweisilbige Form ist an andern Stellen, wenn auch weit seltener, für den Vers gesichert, vgl. v. 430. 684. 985 *so'llich* und 409 *solli'cher*. — Ebenso eigensinnig ist die Consequenz, mit der *rindest (findest)* geschrieben wird, obwol es fast immer mit Synkope einsilbig gelesen werden muss: 1382. 1399. 1408. 1418. 1431. 1436. 1441. 1446. 1461. 1464. 1473. 1482. 1716.

Der logische wie überhaupt der Satzaccent erscheint stark vernachlässigt, und auch gegen den Wortaccent verstösst der silbenzählende Reimschmied oft aufs rücksichtsloseste. Beispiele:

258 *Ryche'r och mü'lter appla's.*
274 f. *Es we'r lieby' gena'nnt;*
Und da's lieby' das wo'rt.
409 *Solli'cher ho'ffnung ho'ch.*
1271 *Merck my'ner ge'schrifft sa'g.*
1448 *Tuge'nthafft u'nd fraisa'm.*

Bezüglich der Reime ist eine grosse Armut an Abwechslung zu constatieren, die sich in der häufigen Wiederkehr einzelner Reimverbindungen bemerkbar macht. Unter 870 Reimpaaren kehrt der Reim *mir* : *wir* 4mal, *zyt* : *wyt* 4mal, *ist* : *frist* 4mal, *kunst* : *gunst* 5mal, *mir* : *dir* 5mal, *hab* : *ab* 6mal, *sag* : *tag* 6mal, *her (allher)* : *mer* 6mal, *fürwar* : *zwar* 7mal, *gar* : *war* 8mal wieder.

Inhalt und literarische Beziehungen; der Dichter und seine Bildung.

A. Inhalt.

Seinem Inhalt nach ist das Gedicht unter die Kategorie der Minnedidactik und Minne-Allegorie zu stellen. — Der Gang der Handlung ist kurz folgender:

Der Dichter geht mit einem Gefährten auf den Anstand. Jeder wählt sich einen Baum zum Sitz und erwartet den Wechsel der Hirsche. Durch das Brunstgeschrei der Jagdtiere wird der Dichter auf den Gedanken gebracht, welch ein rätselvolles Ding die Liebe sei. Aus seinen weitausgreifenden Reflexionen über dieses Thema schreckt ihn ein »wildes Getön« auf (v. 700), dem die Erscheinung eines in der Luft nahenden nackten Reiters folgt, der sich in dem Laubwerk des Baumes niederlässt, nachdem er sein geflügeltes Ross verlassen. Dieses Fabelwesen kommt aus dem Reich der Buhlschaft, der »alten Stadt« mit der »Freudenburg«, im »Wasserland« gelegen, und zwar in einem Grund, der das »Jammerthal« heisst; man kann nur durch die Luft zu ihr gelangen (v. 875 ff.). Der Dichter möchte auch die Reise dahin machen können; er erhält von dem seltsamen Fremden ein Buch, in dem Mittel und Wege hierzu angegeben sind. Er macht aber schliesslich nicht selbst Gebrauch von der Anweisung, sondern veranlasst seinen Gefährten, statt seiner die luftige Reise zu unternehmen (v. 1076). Erst nach sieben Jahren trifft er auf einem Spaziergang am ersten Mai zufällig wieder mit dem aus dem Fabelreich Zurückgekehrten zusammen, der ihm ein Buch und einen Brief übergibt, indem er erklärt, wieder nach jener Liebesstadt zurückkehren zu wollen. Das Buch trägt die Aufschrift: »Der neuen Liebe Buch«; auf seinen Inhalt wird in dem Brief, den der Freund des Dichters an diesen richtet, nur verwiesen, während der Inhalt des Briefes ausführlich mitgeteilt wird (v. 1200 ff.). Er enthält die allgemeine

Beschreibung der Stadt der Liebe, wobei offenbar satirische Seitenhiebe auf Zustände der Wirklichkeit beabsichtigt sind, die aber nur selten deutlich hervortreten. Es handelt sich um das Reich der neuen, das heisst der idealen Buhlschaft: dabei ergibt sich ein tendenziös gefärbtes Gegenbild der wirklichen Welt. In der Stadt herrscht ein gewaltiger Gebieter (unter dem jedenfalls Amor zu verstehen ist) durch seine Vögte, von denen einer ein geistliches, der andere ein weltliches Haupt ist (v. 1355/6); zwei Thore hat die Stadt, die als eine befestigte geschildert wird, — das Thor der Geburt (v. 1362) und das des Todes (v. 1367); im folgenden werden ihre Bewohner aufgezählt, wobei sich ergibt, dass alle denkbaren Arten von Lebewesen der Liebe untertan sind: Leute aller Zungen und Gewerbe, alle Tiere, welche die vier Elemente bergen, die Vögel in den Lüften und die Fische im Wasser. Aber auch alle Metalle und was aus ihnen verfertigt wird, alle Pflanzen, alle Edelsteine sind in der Stadt vorhanden. Menschen aller Stände, von jedem Glauben sind dort; alle Künste und Handwerke werden daselbst getrieben. — Nicht die buhlerische Liebe, wie sie beide sie früher oftmals kennen gelernt, wird in der Stadt geduldet, sondern nur diejenige, durch die ein Mann mit gutem Fug sich ein Weib erwählt; diese wird aber nur von Leuten »unsres Glaubens« geübt (v. 1504). Hindernisse, wie sie in der gewöhnlichen Welt sich der Liebe entgegenstellen, gibt es dort nicht. Untreue wird durch besondere Richter, welche Regenten heissen (v. 1670), strenge bestraft. Da der Erzähler bei seiner Ankunft in der Stadt der Liebe bald selbst in ein Liebesverhältnis geriet, so kann er um so besser den Zustand der Bewohner schildern (v. 1267—1287).

B. Literarische Beziehungen.

In der Belesenheit des Dichters und der Art seiner literarischen Reminiscenzen verleugnet sich nicht ganz die Wirkung des Humanismus, der damals eben seinen Triumphzug durch Süddeutschland antrat. Gleich zu Anfang des Gedichts haben wir eine Anrufung des Mercur (der freilich mit Phöbus identificiert wird); er soll, wie die Musen, die im weiteren noch angerufen werden, dem Dichter bei Abfassung seines Werkes beistehen. Bei der Betrachtung über die Liebe wird der lateinische »Amor« zu einer anagrammatischen Laut- und Wortspielerei herbeigezogen: die einzelnen Buchstaben bedeuten *ain mer on rü* und rückwärts gelesen ergibt das Wort den Namen »Roma«, dessen einzelne Buchstaben — *rycher och miller applas* bedeuten, insofern Rom das geistliche — und *richtum och macht allzyt*, insofern es das weltliche »Schwert«, d. h. geistliche und weltliche Gewalt, in sich schliesst. Die Erwähnung Roms bietet sodann, nachdem noch hervorgehoben ist, dass Troja der Liebe sowol seine Entstehung wie seine Zerstörung verdanke, Gelegenheit zur Erzählung der Geschichte von Mundus und Paulina (v. 299—471) Diese hat eine ziemlich ausgedehnte literarische Vorgeschichte. Nachdem sie zuerst, soweit wir sehen, von Josephus in seinen Antiquitates Judaicae Lib. XVIII, Cap. III, § 4 erzählt ist und durch die lateinischen Übersetzungen des Josephus (Rufinus, Hegesippus) wohl weite Verbreitung gefunden hat, bringt sie mit Nennung der primären Quelle Jacobus de Cessoles in seinem lateinisch geschriebenen Traktat über das Schachspiel wieder (»de moribus hominum et de officiis nobilium ac popularium super ludo scaccorum«), und von hier geht sie in eine ganze Reihe von deutschen Bearbeitungen dieses Traktats über: den prosaischen, welche im 15. Jh. auch zeitig zum Druck gelangten, liegen die poetischen voraus:

Heinrich von Ber(i)ngen (um 1300) ed. Zimmermann v. 6422—6869.

Konrad von Ammenhausen (1337) ed. Vetter v. 13191—13495.

Pfarrer zu dem Hecht (md.) (1355) ed. Sievers v. 296,3—300,34.

(Das nd. Gedicht des Meisters Stephan enthält die Episode nicht.)

Es wird kaum einem Zweifel unterliegen, dass unsere Fassung einer dieser Schachsymboliken entnommen ist.

Vergleichen wir nun unseres Autors Erzählung mit der Darstellung der anderen Bearbeiter, so springt zunächst in die Augen, dass er sich bei weitem kürzer fasst als seine Vorgänger. Während nämlich Beringen 448, Ammenhausen 305, der Pfarrer zu dem Hecht 187 Verse auf die Wiedergabe der Historie verwenden, macht unser Autor die Sache in 172 seiner kurzen Verse ab. Gekürzt ist die Begegnung des Mundus mit Paulina nach der That auf der Strasse, wo Mundus die Geschändete höhnt (v. 418—424), und die gemeine Wendung, dass sie ihm so und so viel Geld

erspart habe, ist dabei ganz weggelassen; ferner fehlt die (bei Ammenhausen ziemlich ausführliche, v. 13416—13429) Beredung des Vorfalls im Tempel durch die Freunde und das weitere Publicum; und endlich erwähnt Joseph nicht, dass und wieviel Geld Mundus Paulinen bietet, um sie zur Gewährung seiner Wünsche zu bewegen, und ebensowenig sagt er uns, wieviel Ida dem Oberpriester verspricht, wenn er Paulina dem Mundus willfährig machen würde. Am Schluss fehlt die Motivierung, warum Mundus mit blosser Verbannung auf Lebenszeit davonkommt. In der Angabe des Preises, den Mundus der Ida verheisst, weicht der Verf. von den übrigen Berichten ebenfalls ab: *Stuck goldes tusent lot Verhiess er ir umb das* v. 316, während
    Cessoles: *quinque miriades*,
    Beringen: *fünf marc*,
    Ammenhausen: *goldes zweinzic mark*,
    der Pfarrer zu d. Hecht: *von golde vunf phenninge*,
    die Prosa-Übersetzung: *eyn mark silbers*
versprechen lässt[1]).

Ist nun die Frage zu entscheiden, welche von den verschiedenen Bearbeitungen speziell Vorlage für unsern Schwaben (U.) geworden sei, so dürfte man erwarten, dass hiefür vor allem die Schreibung der Eigennamen wegweisend wäre. Allein sorgfältige Vergleichung kommt hier zu einem nur sehr unbestimmten Resultat: mit Beringen hat unser U., wie es scheint, den Irrtum gemein, als ob der Genitiv *Isidis* (nur in dieser Form kommt bei Cessoles das Wort vor) eine Nominativform wäre — etwa eine Nebenform zu *Isis*, denn auch letztere Form hat der Autor einmal —; dagegen weichen diese beiden in den Formen *Saturnus* (B.) und *Saturninus* (U.) von einander ab. Die letztere Form hat die von Köpke seiner Ausgabe zu Grund gelegte Cessoles-Handschrift. Kurz, wir erhalten durch diese Vergleichung keinen Anhaltspunkt für die Bestimmung des Quellenverhältnisses. — Einen weiteren Vergleichungspunkt bietet die Art der Bestrafung der Übelthäter. Die Weglassung der Motivierung von Mundus' gelinderer Bestrafung hat U. nur mit Beringen gemein, und ferner die Ausdrucksweise

---

1) Auf die Einführung von »loten« kam Joseph sehr wahrscheinlich durch den Reim *rot:lot*, — worauf er natürlich auch eine grössere Zahl (*tusent*) nehmen musste.

in das ellend verschickt (Beringen: *verbannt*); ihm allein gehört die Nüance, dass Ida *ertränkt* wird, und darauf wird er wol, wenn man auch an eine specifische deutschstrafrechtliche Modification denken könnte, durch den bequemen Reim auf *erhenkt* gekommen sein. Bemerkenswert ist, dass er die sich der Anschauung, wie man denken solle, characteristisch einprägende Scene, wie Ida und der Oberpriester einander gegenüber gekreuzigt werden, nicht wiederholt.

Legen wir noch die Darstellung der verschiedenen Berichte im einzelnen nebeneinander und achten dabei insbesondere auf Anklänge im Ausdruck, so lassen sich einige solche zwischen Ammenhausen und U. in der Tat constatieren. Es wiederholt sich nämlich in Ammenhausens Darstellung der Ausdruck *mortlich* (betrogen, von Pauline gesagt), *mortkeit* mehrmals (*mortkeit* v. 13370, *mortlich* 13451, 13457), und dies könnte unsrem U. im Ohre wiederklingen, wenn er v. 367 *mördisch bosxheit* sagt. Sodann kehrt einmal sogar an der entsprechenden Stelle bei U. dasselbe Reimpaar wieder, wie bei Ammenhausen: *Sin botschafft wer gesant Her usz Egiptenlant* (U. v. 339/40) entspricht: *Komen von Egyptenlant, Und hat mich zuo üch gesant* (Ammenhausen v. 13335/6).

Man sieht, die Sache liegt so, dass von einer directen schriftlichen Vorlage für U. kaum die Rede sein kann; die Darstellung Ammenhausens hat er wol gekannt, und es fliessen ihm, als er die Episode aus dem Gedächtnis wiedergibt, Reminiscenzen von jener Lektüre in die Feder. Dies schliesst selbstverständlich nicht aus, dass ihm auch eine der in den 70er und 80er Jahren in schwäbischen Pressen gedruckten deutschen Prosafassungen bekannt war. Festzuhalten ist nur, dass es die Schachsymbolik war, die ihm den Novellenstoff darbot.

Speciell ist innerhalb der Erzählung dieser Anecdote für das Interesse am classischen Altertum characteristisch die Aufzählung von Präcedenzfällen aus dem Gebiet der antiken Mythologie v. 389 ff., welche der sich für den Gott Anubis ausgebende Mundus zu seinen Gunsten anführt. Weiter zeigt es sich in der breiten Belehrung, welche der Dichter seinem Gefährten über die Musen zu teil werden lässt, wobei alle neun namentlich aufgeführt werden, allerdings nicht ohne dass die Wiedergabe der Namen da und dort Genauigkeit vermissen lässt (vgl. v. 389—401 und 1015—1025).

Wie der Name *Mircea Silvia* in v. 377, unter dem sich U.[1]) dem Zusammenhange nach offenbar eine Göttin des Liebesgenusses denkt, zu erklären sei, vermag ich nicht zu sagen. Am nächsten liegt ja noch immer, an Rhea Sylvia zu denken, und hiebei kann geltend gemacht werden, dass Rhea ein anderer Name für Cybele ist; es müsste dann wol eine Verderbnis des Textes angenommen werden. Die Autoren, auf welche der Dichter sich ausdrücklich beruft, sind vorwiegend solche der klassischen, speciell der römischen Literatur. Vergil wird bei der eben erwähnten Katechese über die Musen citiert, und U. hat dabei wol keine andere Stelle im Sinne als den Anfang der Aeneis, wobei er dann allerdings den Inhalt der wenigen Worte 'Musa, mihi causas memora, quo' u. s. w. (Aeneis l. I, v. 8) etwas aufquellen lässt, wenn er sagt: *muse — —, Virgilius von den Schrybt hübsche abentür, Wie das. ir hilff vnd stür Zelichten dienen sol* (992—997). — Ovid wird einmal, v. 562, irrtümlich als Gewährsmann genannt, wovon unten noch weiter die Rede sein wird; richtig aber wird der Verfasser der Ars amatoria v. 656 ff. citiert, wo über den Inhalt eben dieses Werkes kurz referiert und die Versuchung, die eigenen Erfahrungen in diesem Stücke in ähnlicher Weise preiszugeben, launig abgelehnt wird mit dem Hinweis auf den schlechten Lohn, den Ovid für seine Dichtung gefunden habe (v. 656—684). Das Schicksal des römischen Dichters war unserm Schwaben also bekannt.

Besonderes Interesse erweckt v. 1542 ff. ein Citat aus Terenz: *Nun hór ain wares mer, Das sagt Therencius: Das vil bekümmernusz In bůlscher liebe sy; Er sagt och, wie da by Solch lieb die lüt verker, So das man si nit mer Erkenn in solchem schyn, Als si vor sind gesyn.* Herr Prof. Wissowa hat mir das in den letzten Versen gemeinte Citat nachgewiesen im Eunuchus v. 225 f.:

Di boni, quid hoc morbist? adeon homines inmutarier

Ex amore, ut non cognoscas eundem esse! — —

Nun ist in eben dem Jahre, in dem unser Gedicht verfasst wurde, und bei demselben Drucker: in Ulm bei Konrad Dinckmut 1486

---

1) wie ich weiterhin den unbekannten Verfasser des in Ulm gedruckten Gedichtes der Kürze halber nennen will.

als älteste im Druck erscheinende Übersetzung einer römischen Komödie die Bearbeitung des Eunuchus von dem Ulmer Altbürgermeister Hans Nythart herausgekommen (Goedeke I² 444), und wenn auch unsere deutschen Kurzverse mit dem Wortlaut der Prosa keine schlagende Übereinstimmung zeigen, so ist das Zusammentreffen doch gewiss nicht rein zufällig [1]). Von deutschen Autoren wird nur Hadamar von Laber namentlich erwähnt v. 195—202 mit den Worten: *Wie das zesamen glycht, Vor langer zyt geycht, Waidwerk und bulschaft wer Nach sprüch der Laberer, Der das gar wol erklert, Mit glychnuss hat bewert, Was alle tüttung sy Uff waidwerck bülery.* — Es lassen sich jedoch über stilistische Berührungen allgemeinster Art (Neigung zur Antithese u. s. w., worüber unten) hinausgehende Entlehnungen nicht nachweisen, wozu allerdings der Inhalt unseres Gedichts auch kaum Gelegenheit geboten hätte, denn die Schilderung der Jagd dient nur als Exposition, und sehr bald geht der Dichter davon ab und zu andern Gegenständen über. — Die Berührung mit Konrad von Ammenhausen (und möglicherweise Heinrich von Beringen) ist oben, anlässlich der Mundus-Paulina-Episode, schon erwähnt. — Hermanns von Sachsenheim Werke, speciell die 'Mörin' und den 'Goldenen Tempel' hat der Autor gelesen; auch hierüber soll erst weiter unten näher gehandelt werden.

In der Philosophie der Liebe, welche der Dichter v. 475 ff. und v. 626 ff. entwickelt, erscheint er von scholastischen Constructionen und Raisonnements beeinflusst. Er erklärt auch selbst: *Es ist von lieby vil Geschryben und gesait, Gedicht und uszgelait.* Er will über die Gestalt und die Waffen der Liebe als über bekannte Dinge nicht reden, er gibt vielmehr zunächst an, wie Liebe geboren werde: der Wille ist die Mutter, die Vernunft der Vater. Durch *speisz, die im getzimt* wächst das Kind alle Tage. Sein Sehvermögen nimmt zunächst zu, dann aber von Tag zu Tag ab, so dass es zuletzt ganz erblindet und dann nicht

---

1) Die Stelle lautet bei Nythart Bl. YIIb: — *sollen die lüt von der liebe allso verwandelt werden, das du mit kennest den vorigen sin.* Es bleibt immerhin zu beachten, dass für 'eundem' hier *den vorigen* und dort *Als si vor sind gesyn* steht; der *sin* der Prosa könnte aus ungenauer Erinnerung zu dem *schyn* des Gedichtes entstellt sein.

mehr Heil und Unheil unterscheiden kann, sondern nur noch für seinesgleichen Sinn hat. Warum sein Gesicht abnehme, ob das Kind ein Knabe oder ein Mädchen sei, ob Furcht die Liebe wild, Nutzen sie zahm mache, woher ihre Macht komme, Jung und Alt zu bezwingen, ob sie wol oder weh thue, ob sie ewig sei, — alle diese und noch mehr Fragen werden aufgeworfen, ohne dass der Dichter näher darauf eingeht; er verweist vielmehr auf den Tractat des 'Gwaltherus', soll heissen Andreas Capellanus[1]) (Andreae Capellani Tractatus amoris) und die darin enthaltenen dreissig Minneregeln. Das Citat v. 545 *Amor est passio* gibt den Eingang vom Tractat des Andreas, und die irrige Nennung eines Gualtherus als Verfasser rührt daher, dass der Capellan einem jungen Freunde dieses Namens sein Werk zugeeignet hat.

Ausführlich wird sodann v. 562—623 eine Entscheidung vor dem Liebeshofe der 'Gräfin von Campania' erzält. Damit kann nur Marie von der Champagne gemeint sein, von der bei Andreas in der Tat eine Reihe von Liebesurteilen berichtet werden: die vorliegende Erzählung freilich hat bei ihm keine Entsprechung, und wenn U. obendrein gar als seinen Gewährsmann hier den Ovid nennt, so weiss ich dafür keine andere Erklärung, als dass Hartliebs zu Augsburg 1482 und wieder 1484 erschienene Übersetzung des 'Tractatus Amoris' im Titel das Original dem Ovid zuschreibt, auf die grosse Beliebtheit der 'Ars amatoria' speculierend: '*Hie hebt sich an dz buch Ouidy die liebe zu erwerben, vnd ouch die liebe zů uerschmehen*' (Exemplar der Dresdener Kgl. Bibliothek). Freilich muss ich da neben der Kenntnis des Originals auch die der Übersetzung und obendrein eine gründliche Confusion und falsches Citieren annehmen, — allein das ist unserem Autor schon zuzutrauen. Das der 'Gräfin von Campania' zugeschriebene Urteil besteht in dem Ausspruch: 'Wer keine Liebe hat, ist blind, wer Viele zugleich liebt, der hat zu viel Augen'. Das ist banal genug, um eigene Erfindung unseres Reimers nicht auszuschliessen.

Sonst liegen in diesen Erörterungen über das Wesen und die practische Ausübung der Liebe mancherlei Berührungen mit den

---

1) Vgl. über den Tractatus amoris jetzt die 'Studien über Everhard von Cersne', 1. teil (Dissert.) von Erich Bachmann, Dresden 1891, S. 16 ff. [Die Ausgabe von Trojel, Kopenhagen 1892, erschien erst nach Abschluss dieser Arbeit und blieb ihrem Verfasser unzugänglich.]

entsprechenden Ausführungen im 'Tractatus amoris' vor. Es kommen hier folgende Kapitel des Tractats in betracht: Pars prima, cap. IX: 'Quibus modis sit acquirendus amor'; pars tertia, cap. I: 'Qualiter amor sit conservandus'; cap. II: 'Qualiter perfectus amor possit augmentari'; cap. III: 'Qualiter amor diminuatur'; cap. IV: 'Qualiter amor finiatur'. Auf den Anfang von cap. III des ersten Teils ('Quid sit amor' betitelt) bezieht sich speciell v. 545/6. Eingehend hat aber U. den Tractat nicht benutzt, von Übereinstimmung des Wortlauts vermag ich keine Spuren zu finden, und es scheint fast, als ob der Dichter von dem Werke nicht viel mehr als die Kapitelüberschriften gekannt hätte. Auf die Beschreibung des Liebesreiches dürften dann im besonderen die Überschriften von cap. VII des zweiten Teils 'De pallacio amoris & portis ejusdem pallacii' und von cap. VIII desselben Teiles 'De meritis & penis amancium & non amancium: qui servaverunt vel non servaverunt praecepta amoris & ibi inseritur qualia et quae sint illa praecepta' (cf. v. 1360 ff. und v. 1652 ff.) eingewirkt haben. —

Zweimal werden Beispiele aus der biblischen Geschichte herangezogen; das eine Mal (v. 559 ff.) wird Lamech als der Erste genannt, der seine Liebe unter viele Weiber geteilt habe (wobei ausdrücklich beigefügt wird: '(Lamech), *von dem die bibel ret*'), und das andere Mal Noah: '(Noe), *der vil frumm*' v. 1462, der in seiner Arche nicht mehr Arten von Tieren bei sich gehabt habe, als sich im Liebesreiche finden.

Unser Autor zeigt, trotz dem ersichtlichen Bemühen, populär zu schreiben, in seiner ganzen schriftstellerischen Art etwas Pedantisches und Schulmeisterliches [1]). Zugleich gibt der hier und dort durchschimmernde Einfluss des Kanzleistils einen Fingerzeig auf die Sphäre, welcher der Dichter angehörte. Es liegt nahe, sich ihn als einen fürstlichen Kanzleibeamten zu denken, in einer Stellung also, wie sie am würtembergischen Hofe wenige Jahre vorher Niclas von Wyle eingenommen hatte. Die Vertrautheit

---

1) Besonders pedantisch hört sich die Stelle v. 554 ff. an, wo, nachdem von der »Buhlschaft« die Rede war, noch die anderen Derivaten desselben Wortstammes aufgezält werden und ausdrücklich hinzugefügt wird, dass dies in die Schule und nicht für jedermann gehöre. Vgl. auch die schwerfällige und wortklauberische Partie v. 216 ff.

mit der Jagd, die im Eingang des Gedichtes hervortritt, und die anscheinende Vorliebe für diesen ritterlichen Sport ist vielleicht nur affectiert, um eine mit Hinsicht auf ihre Beliebtheit gewählte Scenerie herbeizuführen, wiewol ja auch nicht ausgeschlossen ist, dass der Dichter die Jagd aus eigener Erfahrung und Beobachtung kannte. Übrigens zeigt sich auch sonst das Bestreben, dem Geschmack der für höfische und ritterliche Dichtung eingenommenen Kreise Rechnung zu tragen; und die Erwähnung Hadamars von Laber (v. 198) spricht ebenfalls dafür, dass der Dichter Fühlung mit solchen Kreisen gehabt hat.

Der Dichter verleugnet seine gut kirchliche Gesinnung und seine Gläubigkeit nicht: so wenn er von dem geistlichen Schwert und von Rom als dem Sitz des heiligen römischen Reiches spricht v. 257 f., v. 261 ff.; wenn er beim Anblick der Schreckgestalt Gott und die Maria anruft 704 ff., oder (v. 773) das Kreuzeszeichen macht (*das heilig götlich krütz* v. 706); wenn er geneigt ist, das fremdartige Wesen für einen 'Teufel aus der Hölle' zu halten (v. 767) und ihm gegenüber 'festen guten Glauben' bewahren will (v. 770). Die neuerlich eingerissene Unsittlichkeit ist ihm ein Dorn im Auge; er setzt die Leute 'unseres Glaubens' Anderen entgegen (v. 1504): nur sie sind im Reiche der idealen Liebe zugelassen.

Diese Gläubigkeit hindert ihn aber nicht, der neu aufgekommenen Richtung des Humanismus seinen Tribut zu zollen, wie wir schon oben bei der Darstellung der literarischen Beziehungen gesehen haben. Recht naiv äussert sich die Liebhaberei des Bücherfreundes für einen schönen Einband, wie sie in der eingehenden und bewundernden Schilderung des kostbaren Buches v. 1166 ff. sich ausspricht.

Über sein bös Latein scherzt der Autor freilich v. 1133, zieht es aber doch gern hervor: die Spielerei mit dem Wort 'amor' (v. 225 ff.) ist schon erwähnt; v. 272 ff. wird die deutsche Bedeutung mit naiver Wichtigtuerei mitgeteilt. Auch das lateinische Citat aus dem Eingang der Tractatus amoris: 'Amor est passio' (v. 545/6) ist schon berührt worden. Die umständliche und mit einem gewissen gelehrten Dünkel vorgebrachte Aufzählung der neun Musen gehört ferner hieher. V. 1116 begrüsst der aus dem Liebesreich zurückgekehrte Freund unseren Dichter auf lateinisch, und beim Abschied heisst es: *er schied valete ab*, worauf der Dichter *proficiat* erwidert. Die Aufschrift auf dem kostbaren Buche, welches die Beschreibung des Liebesreiches und damit einen Hauptgegenstand unseres Gedichtes enthält, ist lateinisch abgefasst [1]), wir erfahren aber nur, dass sie in deutscher Sprache 'Der neuen Liebe Buch' bedeutete. — Der wiederholte Gebrauch des Wörterpaares 'text und glosse' (v. 620/21. 1715) deutet auf juristische Bildung hin, was mit unserer obigen Annahme inbezug auf des Dichters Beruf stimmen würde; wir werden freilich unten sehen, dass U. sich damit eines Lieblingsausdrucks des Hermann von Sachsenheim zu eigen bedient, und insofern hat die Vorliebe für diese Ausdrücke nichts Beweisendes.

Der Dichter zeigt sich dem Aberglauben seiner Zeit unterworfen in der Beschreibung des geheimnisvollen Buches, das er von dem fabulosen Reiter erzählt (v. 922 ff.); es finden sich darin Schriftzüge und nekromantische Zeichen ('beschwerungen der gaist'), welche das Mittel abgeben sollen, in das Reich der Liebe zu gelangen.

v. 1460 ff. werden wir an die religiösen Bewegungen der Zeit, an die vielen Secten einerseits und an die Reformversuche innerhalb der Kirche anderseits erinnert, wenn es hier heisst, dass sich in dem Liebesreiche auch alle möglichen Orden, von Frauen und von Männern, vorfinden, *Ir ettlich reguliert Und ettlich reformirt, All glauben, secten gar.* — Von dem Fortleben alter mythologischer Vorstellungen auch in dieser Periode gibt die Stelle v. 966/7 Zeugnis: *Dem wilden wüttiszher* (Wotansheer) *Für er glych durch den wald.*

Einen hübschen Beitrag zur Kulturgeschichte der Zeit gibt die Stelle v. 746, wo der ganz in schwarz 'eingenähte' fremde Mann mit den Knaben verglichen wird, welche um Scharlach wettrennen:

Dem glych on alles nain,
Als man die knaben klain
Hie lands yn näen thüt,
Die umb die scharlach güt
Thünd rennen lóuffer pferd (749—53).

Vgl. z. B. Zimmerische Chronik I 10 ff. (Ausg. des Stuttg. Lit.-Vereins).

---

[1]) Darauf beziehen sich die *dreü wort* des Titels v. 1171 ('*Nori amoris liber*'), denn zu deutsch sind es ja vier.

Zu v. 1585 ff. (*Gar nackt ald in gewand, Wie man in Niderland Im glauben ligen thůt*) vgl. die Stelle in der Zimmerischen Chronik II 4, 34 ff., wo auch auf die Sittenlosigkeit im Niederland angespielt wird [1]). Doch verstehe ich das *im glauben* 1587 nicht recht: bezieht es sich auf eine Secte?

---

[1]) Die Stelle lautet: — „*und beschaint sich wol, das solchs im Niderland sei furgangen (wie er dann vermeldet, das es in ainer statt nit weit von Ach beschehen); auch sich vergleicht mit gegenwärtigen zeiten, wie leichtfertig zu oftermal sich die eeleut vor jaren in selbigen landen erwisen, als dann das hernach durch das ganze Niderland und durch Frankreich laider so gar in schwank kommen, das man sollichs nit mer geachtet.*"

Der Stil des Gedichts, insbesondere in seinem Verhältnis zu dem Hermanns von Sachsenheim.

Der Stil des Autors U. ist ganz wesentlich bedingt durch die äussere Form, die er für sein Gedicht gewählt hat: der 6 silbige Vers erlaubt dem Gedanken nicht, sich voll zu entwickeln, wodurch in die ganze Darstellung etwas Hastiges und Sprunghaftes kommt; und das Fehlen jeglicher metrischen Variation verleiht ihr andererseits etwas ermüdend Einförmiges; zugleich zwingt die rasche Wiederkehr des Reimes zu allen möglichen Pleonasmen, Flickwörtern, Flickversen und Füllphrasen, eingeschobenen Beteurungen und Wiederholungen. Dazu kommt noch, dass der Dichter häufig die schlimme Manier Sachsenheims nachahmt, zu dem eben Gesagten Parallelen, Belege, anekdotische Beispiele beizubringen, und zwar nicht selten aus ganz entlegenen Gebieten.

Wir beginnen mit den

a) **Pleonasmen** resp. pleonastischer Fülle des Ausdrucks.

Der liecht und ampel schyn 364
(G. T. 1104 *ampeln und liechter*)
Wie das in anefanck
Und auch in dem urspring 146 f.
(G. T. 308 *von anfang und urspring*)
Von wannen das herkem
Und sinen ursprung nem 217 f.
Darumb lasz ich es ston
Und wills belyben lon 685
Das ichs nit mach gemain
Und mir behalt allain 1757 f.
In dem land gantz überal 1328
Dirr bůlschafft lieb 1511

Dem ist si underthon
Und volget niemants sust 1648 f.
vgl. auch 1674 ff., 1750 ff., 1759-61.
Dazu vergl.:
   Sl. 202-1 *Geschach und widerfur*
       203,3 *Entwichen und entrynnen*
       205,25 *Des bronnen lutter clar*
       206,23 *Vor vallen sinken nyder*
       206,36 *smertz und pyn*
       221,21 *enhalb an ain end*
       223,21 *Der jungfrau und der magt*
       228,9 *Die er gar heimlich zauch*
              Verborgen usz dem busen
   Sp. 139,30 *on endes ort.*

b) **Flickwörter, Flickverse und Füllphrasen:**
    Si kam der selben nacht,
    Die sachh ward allso tracht 361 f.
    Mircea siluia
    On alle loyca 376-7
      (cf. Sp. 181,6 *Ich kan nit loyca*
              183,20 *Er kan vil loycaw*)
    Es gelt recht was es gelt 690
    Es gelt houbt oder hals 854
    Glych in der selben frist 727
    zů der selben frist 1217
    zů diser frist 1313
    zů aller frist 1408
vgl. Mörin 248 *zuo diser frist.*
   Sl. 233,18 und 236,28 *in kurtzer frist*
      Die stat ligt in aim grund,
      Als ich erfahren kund 881 f.
      Das minst und och das maist 928
      Es sy im wie ym well 1040
      (*Nun hin, sy was es well* 768)
      Es sy joch was das wár 1052
      Was wolt ich annders thůn 1160
      Wie das geschaffen ist 1456

— *on alles wen (wænen)* 954
— *sunder won* 1441
(G. T. 989 *sunder woun*)
— *on argen won* 1787
— *als ich wen* 445. 993
(Mörin 491 *als ich wen*)
— *on alles nain* 413. 749
— *on allen spot* 733
— *on all beschwerd* 893
on gever 1256, *ongefer* 1065
On allen widerstryt 1570

cf. Sl. 234,36 *on brangen*
236,2 *sunder haz*
242,5 *sunder war*
244,13 *on aller hande bris*
248,12 *sunder qual*
— *wer waiss* 1124
— *ich sag* 1418
— *ich waiss* 1436

vgl. das bei Sachsenheim so sehr häufige — *ich wen*, — *ich glaub*, — *als ich wen* u. s. w. Mörin 228, 491, 666. Sp. 150,21. 161,13. 163,10. 164,22. 173,2. 196,22 u. 33. Sl. 212,10. 217,11. 218,6).

— *merck* 1239, — *merck wie* 1668, *Merck gůt geselle myn* 1364, *Nun merck myn goselle gůt* 1488, *Merck myner geschrift sag* 1271, *Darumb so mercke das* 1498, *Num merckent, was ich sag* 121.

Ebenso bei Sachsenheim Mörin 1768. 1777. 1818. G. T. 384. 419. 434. 494. 524. 698. 750. 832. 868. 976. 1094.

— *offenbar* 1367. — *gar* 1471
Kain botschaft so noch sust 1081
gepflanzet und auch sust 1429
all hantwerck wie man wil 1477
zwar : fürwar 331 f. 467 f. 1281 f.
fürwar : zwar 675 f. 1023 f. 1235 f. 1461 f.
— *zwar* 1670. 1791
— *fürwar* 1077. 1094. 1789
— *aigentlich* 1089. 1221.

c) **Beteurungen und Berufungen.**

Susz fanden wir die bam
Ich red nit usz aim tram 115 f.
Nach der geschichte sag 405
Als ich des bin bericht
Und wol gelauben will 470 f.
Das glaub by trüw und hand 885
Das glaub als ob ich schwer 965
Das glaub gar unbetaubt 1476
Das ich kain lüge stifft 1031
Nun hór ain wares mer 1542

vgl. z. b. Mörin 512: *gelouben mir, ich sag uch waur.*

d) **directe Wiederholungen:**

Mit brünstiglicher stimm
So ganz inbrünstiglich 142 f.
So kam mir in den sin
Durch sinnen her und hin 295 f.
Es wirt im wesen laid,
Mit laid sie alle baid — 449 f.
Man finden thůt 1401 ff.
Dartzů vindst du — 1418
Du vindest ouch fürbas 1423
Des bist du hie nit on 1406
Des hast du mangel nit 1422
Die vindst du alle jar 1431.

Hier seien die Fälle angeschlossen, wo ein ganzer Vers sich wörtlich (oder beinahe wörtlich) wiederholt:

Geschriben und gesait 473 und 1486
Mit kurtzen wortten schlecht 576 und 1027
Durch lypliche beger 394
Nach lyplicher beger 1623
Die man erdencken macht 1445
Die man erdencken kan 1465
Das man erdenken mag 1481

(cf. G. T. 1047 und 1055).

Für die Art, wie der Dichter eine Abschweifung der andern folgen lässt, sei besonders auf die Stelle hingewiesen, wo er sich

über das Wesen der Liebe verbreitet und nun nacheinander drei
Excurse anhängt, welche Gewähr für seine vorangegangenen Aussagen bieten sollen:

539 ff. *Wie das Gwaltherus tût*
562 ff. *Wie schrybt Ovidius —*
(folgt die Erzählung von dem Urteil der Gräfin
von »Campania«)
656 ff. *Der selb Ovidius —*,

wo dann jedesmal die den eigenen Ansichten entsprechenden Anführungen in breitester Weise vorgetragen werden. Sehr characteristisch ist in dieser Beziehung auch der überaus gewaltsam herbeigezogene Excurs über die Musen, v. 992 ff., wo der Dichter ersichtlich nur seine (vielleicht eben erst erworbenen) Kenntnisse preisgeben will.

Im weiteren habe ich nun den Stil unseres Autors als einen des einheitlichen Gepräges völlig entbehrenden zu characterisieren, und zwar ist er dies in solchem Masse, dass Stilformen, welche im **höfischen Kunstepos** ihre besondere Ausprägung erlangt haben, mit solchen sich mischen, die teils der **saloppen Rede** des Alltags, teils der steif-pedantischen Sprache der **Kanzlei** entnommen sind, woraus sich eine bis zu völliger **Stillosigkeit** gehende Entartung und Auflösung der stilistischen Einheitlichkeit ergibt.

Zunächst fällt das stark Formelhafte der Sprache auf: in grosser Zahl treten **zwei und mehrgliedrige** Ausdrücke entgegen, meist synonymen Characters.

Man könnte hier schon an Einfluss der Kanzleisprache denken und annehmen, dass der Verfasser die Formularien und Rhetoriken mit Vorteil gelesen hätte, die eben damals, dem Bedürfnis der Kanzlei entgegen kommend, mehrfach entstanden und sich die Unterweisuug in der »Hofkunstrhetorik« zur Aufgabe machten[1]). Daneben kann man daran denken, dass hier ein altvolkstümlicher Zug deutscher Dichtung, wenn auch in etwas manierierter Form, zum Durchbruch kommt, eine Neigung zu **formelhafter Spaltung** des Begriffes, die dem germanischen Sprachgeist von

---

1) z. b. 'Rhetorica' 1483 (drei Jahre vor Abfassung unseres Gedichts).
Darin ein Abschnitt 'Sinonima rhetoricalia'.

altersher eigen und in dem conservativen Literaturelement der **Predigt** durch die Jahrhunderte hindurch zu immer ausgeprägterer Gestaltung gelangt ist [1]). Und ausserdem werden wir gleich sehen, dass die Eigenart des angewendeten Metrums die Verwendung solcher formelhaften Ausdrücke in besonderem Masse begünstigt. Nicht zum wenigsten ist schliesslich wieder Nachahmung Sachsenheims mit im Spiel.

1) **Zweigliedrige Ausdrücke:**

(Substantiva):
hilff und gunst 3
sinn und müt 19
(G. T. 170 *synn und muot*
M. 1410 *hercz, sin und muot*
Sp. 139,4 *herz, mut und all myn synn*
u. 248,23 *hertz, mut und ull myn synn*
Sp. 160,6 *hertz, mut und synn*)
zal und mass 38
gesunthait und genist 314
weder mass noch füg 214
hertz und gmüt 439
Von hertzen und von sinn 1515
Die mainung und gebott 357
Die macht und die gewalt 527
sel und lyb 713
by trüw und hand 885
uff trüw und aid 912
(Sp. 153,33 *druw und eyt*)
kunst und ler 942
schrifft und karacter 924
hilff und hab 950
hilff und stür
(G. T. *rautt, hylff und stür*)
danck und eer 941 und 1139
lob und eer 1661
(Sl. 225,19 *zucht und er*)

---

[1]) vgl. darüber Edw. Schröder 'Jacob Schöpper von Dortmund und seine deutsche Synonymik' (Marburger Rektoratsprogramm 1889) s. 26-27.

Mit girden und mit lust 1163
Mit angsten und mit not 1227
lyb und gůt 1315
(Sl. 223,28. 236,9. 239,17)
Die gwonhait und den sit 1277
Gewonhait und ouch sit 1293
glych und genoss 1378
zierd und costlichait 1485
mit frid und sůn 1582
(Sl. 214,14. 223,20. 232,10. 239,8)
Kain forcht noch sorg 1633
trüw und pflicht 1657
thür und thor 1606
Die buss und ouch die rach 1673
grund und main 1705

ohne Copula: *smach, schand* 1523
Verlangen, senes qual 1524
Gross trauwren, hertzen ach 1532

(Adjectiva): *wyss und klůg* 64
wyt und brait 1011
Vol hoch und wyser ler 1320
So mechtig und so gross 1377
swer und gross 1521

(Adverbia): *gantz und gar* 434. 1253. 1660. 1749
(Sl. 238,9)
gar und gantz 1470
hert und vest 702. 1270
tief und tewer 780
Ye lenger und ye bas 721
wol und recht 1563

(Verba): *hülff und riet* 326
nützt und frumbt 644
helff und tilg 645
merk und spür 921
merck und wicz 1224
mag und kan 1420
glust und glangt 1629

gerymet und gedicht 1745

ohne Copula: *anrüren, tasten och* 671

2) **Dreigliedrige Ausdrücke:**
Die baumen, est und rysz 130
Nach gird, natur und lust 192
Den wollust, lieb und laid 221
Sin gaben, dienst noch bit 310
Mit wortten, mund und hant 408
Ertzaigung, berd und wysz 665
Durch adern, flaisch und hut 757
(Wie) stat, schlos und das land 1291
Mit brucken, styg uoch stey 1306
(G. T. 108 *steg und brucken*)
Zů kurtzwyl, gsang und spysz 1400
Kain laster, smach noch schand 1561
In rymen, wort ald sinn 1774
(Sl. 205,11 *In blumen, gras und klee*
„ 12 *Mit siufzen, ach und we*)

(Adjectiva): *(Wort) klůg, subtil und wech* 8
Gar werlich, vest und glat 71
Gůt grůben, tieff und wyt 1369

(Adverbium): *Vast pöllen, lut und grimm* 141

(Zahlwort): *Ain schusz, zwen oder dry* 109

3) **Viergliedrige Ausdrücke:**
Hoch mechtig, keüsch und rain 308
(zugleich antithetisch): *alt jung, grosz und kluin* 212
Wild sam, jung oder alt 1394
Dyn hobt, lyb, füsz noch hand 1614

Herrmann von Sachsenheim geht bis zu 5gliedrigem Ausdruck: Mörin 2143 *hercz, lib und leben, sin und muot.*

Ich sagte schon, dass die besondere Art des vom Verfasser angewandten Metrums den mehrgliedrigen Ausdruck begünstige. Dies ist durch eine procentuale Vergleichung des Vorkommens mehrgliedriger Ausdrücke in Sachsenheim'schen Gedichten von vier, und in solchen von drei Hebungen zu erhärten. Während in der Mörin, die 4-hebige Verse hat, auf 6081 Verse etwa 100 solcher

Ausdrücke kommen, also 1,8 % aller Verse dieselben aufweisen,
— entfallen im Spiegel, der vorwiegend 3-hebige Verse hat, auf
2750 Verse ca. 70, und im letzten Werk H.'s v. S., dem Sleigerlüechlin, das Verse von drei Hebungen durchführt, auf 1984 Verse
ca. 100 mehrgliedrige Ausdrücke, — der Procentsatz ist also 4 %
und 5 %. In der Grasmetze, wo drei- und viermal gehobene
Verse abwechseln, stellt er sich auf 5 %, — im Goldenen Tempel
aber, dessen Metrum dem unseres Gedichts am ähnlichsten ist,
auf 12 %. In unserem Gedicht 211 Fälle in 1791 Versen (davon
11 in 2 Versen gebrochen), also ebenfalls 12 %.

Die Vorliebe für mehrgliedrigen Ausdruck beherrscht noch
das ganze folgende Jahrhundert. Dass diese Stileigentümlichkeit
sich mit jenem bestimmten Metrum besonders gerne verbindet,
kann ich noch an Spruchgedichten des Hans Sachs nachweisen,
deren Versmass, von verhältnismässig sehr seltenen klingenden
Ausgängen abgesehen, ganz dasjenige unseres Gedichtes ist. Es
sind in der Ausgabe von Tittmann (Deutsche Dichter des 16.
Jahrhunderts, 5. Band, 2. Teil) die Nummern 13, 'Ein artlich gesprech
der götter, die zwitracht des römischen reichs betreffent', 17
'Lantsknechtspiegel', 28 'Das gesellenstechen', 34 'Der beschlusz in
das ander buch der gedicht'. Es finden sich

in Nr. 13 (292 Verse) 48 zweigl., 4 dreigl. und 1 viergl. Ausdrücke
„ „ 17 (372 „) 69 „ 16 „ „ 3 „ „
„ „ 28 (180 „) 14 „ 9 „ „ 1 „ „
„ „ 34 (144 „) 16 „ 4 „ „ 1 „ „

In gar manchen dieser doppel- und mehrgliedrigen Ausdrücke
zeigt sich bei U. schon eine Hinneigung zu populärer Schreibweise, obwol, wie ausgeführt, das Metrum vielfach dazu verlockt
haben mag. Aber der Autor steigt gelegentlich geradezu zur Rede
des Alltags herab und ergeht sich in saloppen Wendungen, die
einen seltsamen Gegensatz zu seinem sonstigen Bemühen, den
hohen Stil zu affectieren, bilden. Er folgt auch darin seinem
Vorbild Hermann. Solche saloppen Wendungen sind z. B.

v. 830 *alls unglück lachh*
957 *ich Schwür box*[1]) *werder* (?) *lung*

---

[1] vgl. *pox* Keller, Fastnachtsspiele I 285 und das noch lebende *pozt*
in *potz tausend*.

973 *Hoho! wa bist du nun?*
999 *Von hór ich sagen her* (daneben 1278 das uns vertrautere *Von hóren sagen her*)
821 *Kurtz vmb, heb vff vnd swór*
755 *nagelnüwer graus*
(cf. Sl. 1729 *ein nagelnuwer smertz*)
831 *Bist du it der vnd der*
680 *Tů schon, Hanns, far gemach!* (cf. Mörin 56: *nun faren schon*, 1294 ebenso, 1586 *er fuer licht schonn*).
vgl. im Allgemeinen bei Sachsenheim Sp. 158, 12/13 *Über berg und über dal / Et cetra one fal.* — Sl. 213, 26/27 *Als ob er uber velt / Von einer kirchwih kem* (wenn einer vom Kreuzzug heimkommt, ohne etwas erzählen zu können), 230, 22 *der scharden lasterbalck*, 232, 34 *der gifftig unckenbalck*.

Trivial wirkt auch das *zwir*, das der Dichter bei jeder sich darbietenden Gelegenheit anwendet, wozu ihn die bequeme Verwendbarkeit im Reim sicherlich mit bewogen hat:

'Herrgot, hilff!' sprach ich zwir 704
Ich rüfft im ylens zwir 972
Er segnet sich wol zwir 1034
Verhiess mir och wol zwir 1068.

Entsprechend der Neigung zu volkstümlichem Ausdruck, sollte man erwarten, dass U. auch in der Vorliebe für das Citieren von Sprichwörtern Hermann folgen würde; allein in dem ganzen Gedicht findet sich nur eine einzige eigentliche Sentenz: v. 1148 *All frag hat antwurtt nitt.* Dazu kommen die eben schon angeführten sprichwortartigen Wendungen wie v. 680 (*Tů schon, Hanns, far gemach*), 830 (*Alls unglück lachh*). Zur Erklärung dieses Umstandes wird man wol wiederum an die besonderen Bedingungen des Metrums denken müssen. Die kurzen abgehackten Verse lassen kein behagliches Verweilen zu, wie es gnomische Citate bedingen, die doch auch irgendwie eingeleitet, durch gewisse Formeln (*Es ist ein altes wort* u. s. w.) in den Gang der Erzählung eingefügt werden müssen. Das zahlenmässige Verhältnis zwischen der 'Mörin', die hierfür das weitaus bequemere Metrum besitzt, und dem fast nur dreihebigen Spiegel (der sonst ja nach Inhalt und Ton der Mörin ziemlich nahe kommt) stellt sich so, dass in jenem Gedicht auf 200 Verse etwa ein Sprichwort kommt, während im Spiegel erst auf 900 Verse ein solches entfällt.

Mit der im Vorangehenden nachgewiesenen volkstümlichen, ja vulgären Stilfärbung steht in Widerspruch dasjenige Stilelement, welches sich für Joseph aus Reminiscenzen an das höfische Epos ergibt. Da ist fürs erste der ausgedehnte Gebrauch der Antithese hervorzuheben, die ja zunächst auch der volksmässigen Poesie nicht fremd ist, aber im ritterlichen Kunstepos zu pointierterer und bewussterer Verwendung gelangte. Bei unserem Autor ist der Gebrauch, begünstigt durch das Metrum, geradezu in gedankenloser Weise ausgeartet. Zwischen Antithese und zweigliedriger Formel lässt sich hier kaum eine Grenze ziehen. In des Laberers 'Jagd' tritt das ehrwürdig-alte Paar 'Liebe und Leid' gleich in den ersten 14 Strophen nicht weniger als sechsmal auf. Joseph hat es dreimal: v. 221, 874, 1050. Andere gleich geläufige sind: *jung und alt* 528. 1500; *lang und kurtz* 1427; *gross und klain* 1419. 1449. 1438. 1458; *das minst und och das maist* 928. — *spat und frû* 1573, vgl. 1344; *wol ald übel* 509, *wol ald we* 529; *süesz und herb* 1384. 846; *gewilder und och zam* 1447; *schwór oder lycht* 1644; *haimlich und offenbar* 288. 1660. Ferner *Was fröuwet ald betrübt* 1480; *Es sy sin schad ald gwin* 1346; *Dann sterben ald genist* 810; *frauw oder man* 1776, vgl. 1466 usw. usw. Nur selten ist die Antithese nicht traditionell formelhaft: *gar nackt ald in gewand* 1585; *tugenthafft und fraisam* 1488; *vergifftet oder rain* 1457; *lustes und beschwór* 1700. Und noch seltener ist sie zu bestimmter Wirkung neu gebildet, wie 1533: *Lang armût, kurtze fröd*, und gleich darauf 1535 f. *Vil bitter gallen krafft Und lützel honigs safft* mit Ausspinnung der alten Antithese *fel — mel*.

Dieser verschwenderische Gebrauch antithetischer zweigliedriger Formeln ist auch für Hermann von Sachsenheim durchaus characteristisch: fast alle oben als geläufig bezeichneten Paare treten bei ihm und die meisten wiederholt auf. Man schlage nur nach Mörin 42. 46. 172. 429. 1401. 2386. 3624. 3861. 3868 usw., Sl. 206, 24. 217, 15. 217, 32. 221, 28. 216, 30. 227, 26. 231, 18. 231, 30. 241, 36. 246, 30. 249, 14. 253, 36.

Dem höfischen Epos verdankt der Stil wol auch die Gewandtheit, mit welcher er Rede und Gegenrede in koncisem und

schlagfertigem Ausdruck den kurzen Versen anpasst, vgl. v. 818
—865. 903—948. 972—986. 1025—1076. 1116—1157.

Hübsch wirkt durch seine frische Unmittelbarkeit das calculierende Selbstgespräch v. 1084—1090.

Überliefertes Stilmittel ist weiterhin die directe Anrede an die Leser:

    748 *Das ich uch sage das*
   1101 *Bis heüwer als ich uch sag*
   965 *Das glaub als ob ich schwer*

vgl. Mörin 302 f., 512 (*gelouben mir, ich sag uch waur*) — ferner (mit *wir*, das Leser und Autor zusammenfasst) 454 f. 484 f.; G. T. 1064. 1207. 1261; Sp. 151, 9 f.

Die eingestreuten persönlichen Bemerkungen, die in der Ich-Erzählung — und eine solche ist unser Gedicht — zulässiger erscheinen, als im reinen Epos, haben wenig persönliches:

  v. 552 *ze kürtzen myn gedicht*
    648 *Ich red selbs wider mich*
    685 f. *Darumb lasz ich es ston*
          Und wills belyben lon
    697 *Das ich es nit verplüm*
    758 *Ich sag das überlut*
   1031 *Das ich kain lüge stifft*
   1091 *Das ich kurtz davon sag*
   1176 *Ob ich es recht verfach.*

Bei Sachsenheim ist das sehr häufig: G. T. 678. 960/1. 760. 1009. 1118/9. 1220/1 usw.; Sp. 150, 19. 159, 10. 177. 18/19; Sl. 225, 20, 38. 226, 39. 228, 36 ff. usw.

Eine für des Autor Können und Geschmack recht characteristische Leistung ist die lange Aufzählung v. 1380/1487, wo sich die Figur des Anapher mit Anrede an die Leser in ledernster Form über rund 100 Verse erstreckt:

du findest 1380	*dartzü vindest du* 1418
so findest du 1382	*du findest ouch* 1423
du findest 1388	*die vindest du* 1431
vindest du 1399	*das vindest du* 1436
man finden thůt 1401	„ „ „ 1441
findest du 1408	*der* „ „ 1446
du vindest 1414	*findest du* 1461

> du findest 1464　　　vindest du 1482
> „　„　1470　　　man vinden thût 1487
> so vindest du 1473

Mit Hadamars von Laber Jagd, die unser Poet andeutend erwähnt, hat sein Stil ausser der Vorliebe für Antithese, die bei Hadamar sehr ausgeprägt ist, den Gebrauch zwei- und mehrgliedriger Formeln gemein. Zu Berührungen im Einzelnen, die das anfänglich gemeinsame Thema erwarten liesse, ist wol kaum Gelegenheit, da U. sich bald zu anderen Materien wendet.

Als drittes Stilelement haben wir nun noch den Einfluss der Kanzleisprache ins Auge zu fassen, der ausser in der Vorliebe für synonymischen Ausdruck in Wendungen wie den folgenden sich bemerkbar macht:

> 1416 Sinr würckung aigenschafft
> 1540 Usz handlung sollicher sach
> 1229 Nach wysung deiner ler,

in dem nüchternen »nemlich« bei Aufzählungen:

> du findest nemlich 1380
> findest du nemlich 1461
> du vindst namlich 1716

und in den häufig angewandten Gruss- und Segensformeln:

> 1074/5 gelück dich hab Allweg in siner pfleg.
> 1182/3 Gelück und gůt gefell Müsz walten diser mer.
> 1735 Glück dich in fróden halt.
> 1782/3 Desz seld werd hoch gemert In fróden hie vnd dort.
> 1206 ff. Gieng es dir nach beger Und gantzem willen dyn
> 　　　　Nit liebers möcht mir syn Es geb mir fród und můt.
> 948 Glück vnnser baider walt.

Einen förmlichen Briefeingang geben die Verse 1201 ff.:

> Min will mit flysz berait
> Zů aller dienstberkait
> Der sy gar früntlich dir
> Allzyt zevor von mir —,

und den ensprechenden Briefschluss die vv. 1729 ff.:

> [Doch sy dir heimgestelt Was dir darinn gefelt]
> Und wisz zu diensten mich,
> Berait dir willigklich,
> Glück dich in fróden halt.

Steinhausen in seiner »Geschichte des Briefes« giebt aus dieser Periode nur wenige Citate: Eingang und Schluss eines Briefes aus d. J. 1384 '*min fruntlich dinst voran*' — '*got spar dich (wol) gesunt*' sehen zufällig im Rhythmus unseren Beispielen nicht unähnlich.

Speciell auf den Einfluss der Lectüre Sachsenheims mag uns überleiten die Anwendung der aus dem Mhd. wolbekannten Form von Litotes, wo der Begriff durch einen abgeschwächten (zuweilen ironisch gefärbten) Ausdruck doch eher verstärkt werden soll:

  92 *triben lützel bracht*
124 *mit ainem klainen pracht*
849 *mit stillem pracht*
818 *mit etwas lutter stim*
404 *sie lebten on verdriesz*
970 *ich was sin nit vnfro*
1406 *Des bist du hie nit on* (= das hast du hier in Hülle und Fülle)
1422 *Des hast du mangel nit.*

Auch die von Martin S. 169 anm. als für Sachsenheim besonders charakteristisch belegte pleonastische Verneinung des Gegenteils, die Martin auf Nachahmung Wolframs zurückzuführen scheint, findet sich vereinzelt bei U.: 178 *nach gird und nit vernunfft.*

Weiter findet sich bei U. getreulich wieder das bei Hermann so beliebte Verkleinern der eigenen Person, die Selbstironie, die bei dem alten Herrn bis zur Preisgebung der persönlichen Würde geht:

M. 342 *mich dunckst, du pflegest krancker sinn,*
J. d. A. 140 *Also tüt ouch mein tumer müt,*
G. T. 242 f. *Es ist ain teil zuo raesz*
    Den krancken synnen min,
Ebda. 466 f. *Wie wol das ich bin schwach,*
    An sinnen blöd und kranck,
Ebda. 876 f. *Und gucken als der goch*
    Mit blöden synnen kranck,
Sp. 4 *Wie wol min sinn sind smal* — und öfters;

dazu ist bei U. zu vergleichen:
1132 f. *ich sprach — In bóss latin zu im*
1712 f. *myn sinn die sind ze kranck,
der will wer sust berait* (dem Gefährten in den Mund gelegt)
1785 *disz ticht usz sinnen kranck.*

Haben wir schon hier wörtliche Anklänge in dem mehrfach wiederkehrenden *sinne kranck*, so liegen solche weiter vor, wenn Lieblingswörter Sachsenheims, die dem Juristen als Fachausdrücke nahe liegen mussten, bei U. ebenfalls wiederkehren:

Grasm. 209 *der kan den text und auch die glos*
G. T. 14 *mitt fremder glos exempel*
Mörin 6067 *wer guot gedicht glossiern sol*
Sp. 132, 15 *mit mencher glos exempel*
Sl. 213, 8 *den text und nit die glos*;
dazu vgl. U.
620 f. *Der disen text verstat,
Bedarf der glose nit,*
1714/5 *Doch wirt dir usz gelait
Nach text vnd glosz der sin.*

Und: *Der nüwen bülschafft lauff* v. 1038,
Ainr nüwen bülschafft louff v. 1220

erinnert an:
nach dem neüwen louff Grasm. 39
und *nach dem nüwen louff* G. T. 896

— eine Wendung, welche Hermanns innerstes Wesen andeutet, der als hochbetagter Mann und Angehöriger des von den tiefgreifenden Veränderungen jener Zeit am meisten betroffenen Standes, ein eifriger laudator temporis acti, alles Neue sehr skeptisch betrachtet.

Das Lieblingswort Hermanns *meisterlich* kommt gleich in v. 9 vor und kehrt noch mehrfach wieder:
541 *maisterlich vnd schün*
658 *maisterlich*
746 *maisterlich*
1744 *mit maisterlichem fûg.*

Mit U. 149 *Nach löuff der himelsper* vgl. man G. T. 249 (vgl. 280) *Der hymmel sper und louff.*

Bei U.s Worten
> v. 718 *Dem gibst du wolgesprech*
> *Wort klûg, subtil und wech*

klingen einem unwillkürlich die Verse des G. T. wieder:

> 100 f. *Hilff mir mit klûgen worten*
> *Min stifftung spech subtyln*
> und 437 *Mit klûgen worten spech.*

Und so ist weiter zu vergleichen:

U. 860/1 mit Mörin 1992,
U. 586 „ „ 0000,
U. 1148 „ „ 1935,
U. 45 *figuren kurtz vnd lang*
mit G. T. v. 30 *mit schönr figuren hystorien*
111 *nauch hoher kunst figur*
180 *schön figur*,
U. 59 mit G. T. 67 und Sl. 213, 36,
U. 48 „ G. T. 126/7,
U. 62/63 „ Mörin 6032, G. T. 1147 und 1222, Jesus
d. A. 153, Sp. 202, 17/18, Sl. 255, 31,
Grasm. 306, —

überall die gleiche Form der Überleitung zum Schlusse, wie dort die ganze Eingangsstelle des ‚Goldnen Tempels' mit ihrer Anrufung Gottes und der Maria unverkennbar auf die Anrufung des Merkur und der Musen im Eingang unseres Gedichts eingewirkt hat. Dass hier heidnische Gottheiten angerufen werden, zeigt deutlich, welche Fortschritte der Humanismus seitdem in Deutschland gemacht hat.

Es war eben schon Gelegenheit, Fremdwörter, welche U. und Sachsenheim gemein haben, anzuführen. Die Sprache von U. ist ziemlich stark mit Fremdwörtern durchsetzt, die er mit einer offenbaren Beflissenheit, ganz wie Sachsenheim, einstreut. Ich zähle im Ganzen deren 47, wobei Wörter wie *latyn, schuol, brieff, arch, formen, abentür, orden* noch nicht mitgerechnet sind. Auch für diese Vorliebe ist vielleicht der eben damals eindringende Humanismus, ganz besonders aber der Einfluss des Kanzleistils verantwortlich zu machen. Ich führe die von U. gebrauchten Fremdwörter, die überwiegend dem Lateinischen und Französischen, zum kleinen Teil dem Griechischen entstammen, auf, indem ich die Entsprechungen aus Sachsenheim, mit besonderer Berücksichtigung des 'Goldnen Tempels', der, wie im metrischen so wol auch hierin specielles Vorbild war, daneben setze.

v. 8 *subtil*, 53 *suptiler* (G. T. 101 *subtyln*, Verbum), 44 *orthography*, 45 *figuren*, 174. 926 *figur* (G. T. 30. 111. 180. 481. 713 *figur*, Sp. 129, 7 *schon bispil und figur*, 172, 10 *durch all der welt figur*), 149 *sper*, mlat. *sphera* (G. T. 249. 280. 503. 914. 1126, Sl. 227, 12), 151. 162 *astrononus* (G. T. 246 *astronomus*, Jes. d. A. *astrononus*), 152. 985 *fantesy*, 990 *fantessery*, 168. 173. 192. 1350 *natur*, 180 *nature* (G. T. 309. 714. 1037 *natur*), 172. 1389 *creatur* (G. T. 1309 *creatur*, 8 *creatür* Sp. 150, 4. 160, 26. 174, 35), 228. 235. 248 *amor* (Sachsenh. *mynn*, vgl. bes. den Eingang des Sleig., daneben *frow Venus Mynn* M. 474. 614, *Venus die edel Min* 136, *Venus Cupido* 519), 364 *ampel* (Plur.) (G. T. 904 *ampel*, 1104 *ampeln*), 378 *loyca* (Grasm. 160. 216. 377, Sp. 181, 6. 183, 20. 188, 8), 396 (*haimlich —*) *secret*, 475. 722 *geformet* (Sp. 156, 15 *geformirt*, Sl. 233, 11 *formirt*), 550 *regeln* (G. T. 62 *regel*), 544 *tractat*, [*amor est passio* 546], 563 *historia* (G. T. 30, 823 *hystorien*, Sp. 151, 7 *ystoryen*), 620/21. 1715 *text* — *glose* (G. T. 14 *glos*, M. 6067 *glosiern*, Grasm. 209 *den text und auch die glos*, Sp. 132, 15 *glos*, Sl. 213, 6 *den text vnd nit die glos*), 632 *puncten*, 636. 642 *punckt* (G. T. 870 *puncten*), 752 *scharlach* (M. 5301 *scharlach*), 924 *karacter* = Schriftzüge (M. 166 *vil karakteres*, 5950 *karaktras*), 925 *zirckel* (G. T. 43 *zirkelmaussen*, 390, M. 4361. 4410 *zirkelmaus*), 929 *experiment* (G. T. 681 *experment* Femin.), 931 *practiciert*, 1103 *spaciert* (M. 11 *spacziern*), 1112 *manir*, 1129 *differentz* (G. T. *differencz*, Sl. 233, 4), 1130 *referentz* (M. 3363), 1156 *valete*, 1157 *proficiat* (M. 4199. 4536), 1170 *lasur* (G. T. 112), 1391 *elementen* (G. T. 476), 1411 *summ*, 1419 *metall*, 1439 *palliert* (G. T. 73 *baliern*, 156 *pollier*), 1443 *refier* (Sp. 138, 17 *rifirn*, M. 4670 *rificr*), 1467 *reguliert*, 1468 *reformiert*, 1469 *observantz* (Sl. 230, 16/17 *die observantz von rœmschen stul*), 1568 *grad* (G. T. 50, Sl. 223, 32 *graden*), 1600 *amy*, 1611 *quit*, 1670 *regenten*, 1736 *datum*, 1742 *birment* (= *pergamente*.)

Ausser diesen Berührungen von U. mit Sachsenheim liegt aber auch ein directes Zeugnis der Lectüre Sachsenheims vor in der Stelle v. 960 ff.: hier spielt U. auf die von

Hermann in der Mörin vv. 3996—4039 erzählte Anecdote von
dem Luftritt auf dem Zauberkalb an:
> *Das kalb das Jäcklin zoch,*
> *Darab er thet den val*
> *By Urach ab dem tal,*
> *Sprang nie der selben zyt.*
> *Als dises ros so wyt.*

Bezeichnend für die Abhängigkeit Josephs von Sachsenheim
ist es auch, dass er sein Gedicht mit einem Dreireim schliesst,
gerade wie wir ihn bei Hermann von Sachsenheim am Schluss
der Mörin und des Goldnen Tempels, hier sogar mehrfach angewendet, sehen:

M. 6079/81 *guot : huot : tuot.*
G. T. 1221/3 *wort : ort : dort.*
[1278/80 *bereit : wirdikeit : leit.*[1])]
1319/21 *magt : versagt : clagt.*
und so bei U. 1789/91: *fürwar : jar : zwar.*

Auch dass U. die Jahrzahl der Entstehung innerhalb des
Gedichts angibt, stimmt mit Sachsenheims Gepflogenheit; cf. M.
6054 ff., G. T. 1290 ff.

---

[1] Ich muss hier auf ein eigentümliches Missgeschick unserer Überlieferung Sachsenheims aufmerksam machen. Gegen den Schluss des Goldnen Tempels, der bekanntlich nur in zwei Handschriften der Mörin auf uns gekommen ist, findet sich ein Abschnitt, der sich aus der Mörin hierher verirrt hat: denn G. T. v. 1224-1230, die Blasonierung der Familienwappen, gehören in die Mörin, nach v. 6032, wie der Augenschein, ja schon die äusserliche Form der (längern) Verse beweist. Sie sind allem Anschein nach ein Nachtrag, der falsch eingeschaltet worden ist. Ich vermute, dass schon Roethe in der Allgem. d. Biographie (30, 147) dies erkannt hat, indem er betont, dass die Verse, aus denen man seither als Geburtsjahr Hermanns v. S. 1365 erschlossen hat (G. T. 1228), 'wahrscheinlich älter sind, als das Gedicht, in dem sie jetzt ihren Platz gefunden haben'. Bringen wir sie aber in der Mörin wie angegeben unter, so haben beide Gedichte, M. und G. T., ausser dem Dreireim des Schlusses noch einen für den vorletzten Absatz aufzuweisen.

Schluss.

Ich habe mich, indem ich ein so gut wie unbekanntes Gedicht in die deutsche Litteraturgeschichte einzuführen im Begriffe stand, natürlich gefragt, ob es nicht vielleicht einem schon anderweit, vielleicht gar mit Namen und Lebensverhältnissen bekannten Autor angehören könne. Die Bestimmtheit, mit welcher Gottsched den Verfasser unseres Werkchens Joseph nennt, hatte mich anfangs irregeleitet. Ich fand diesen Namen in der Litteraturgeschichte des 15. Jahrhunderts zweimal: 1) als Verfasser eines niederdeutschen Werkes von den 7 Todsünden (aus dem Anfang des Jahrhunderts!), das Babucke (Norden 1874) in Auszügen bekannt gemacht hat — damit konnte mein schwäbischer Landsmann unmöglich etwas zu tun haben; 2) als Verfasser oder vielmehr Bearbeiter eines Steinbuchs, das zu Erfurt 1498 gedruckt ist (vgl. Lambel, Steinbuch s. VII): diese Recension zeigt das Bestreben, die alten Reimpaare des Steinbuchs in jene Verse 'mit silben sechsen stuntz' umzugiessen, die eben auch unser Ulmer Werkchen durchgehends hat. Dass der schwäbische Autor einem solchen Stoffe zuneigte, konnte man sich schon denken, zumal wenn man sich der Verse 860 f. erinnerte: *Ich sprech: wort stain vnd wurtz Die habent vil der krefft.* Und der Eingang der Erfurter Recension hat wirklich eine verblüffende Ähnlichkeit mit unserem Gedichte

O reicher got, gib [mir] krafft,
Vernunfft, kunst, maisterschafft,
Das ich bedichte rein,
Hie sag von edelem gestein,
Von art und wirckung auch
Ich glaub, er sey ein gauch u. s. w.

Aber freilich: die Form tut hier alles, und anderseits blieben Zweifel genug übrig; der festeste Anhalt blieb immer der gleiche Verfassername: denn dass sich kurz vor 1500 zwei Autoren 'Joseph' ohne jeden Zusatz benannt haben sollten, war wunderbar. Verdächtig aber erschien es schon, dass dieser Name nicht nur in dem Erfurter Druck, sondern auch in einer St. Galler Handschrift des Steinbuchs vorkommt, die jenes Streben, die Form umzuändern, noch nicht kennt.[1]) Als nun aber gar der langgesuchte Zwickauer Sammelband wieder auftauchte und ich dort ausser andern Seltenheiten unsern Ulmer Druck und dicht dabei das Erfurter Steinbuch fand, im erstern aber hier so wenig als im Giesser Exemplar irgend eine Nennung des Autors, da musste es mir klar werden, dass Gottsched lediglich aus einer durch die Gleichheit oder Ähnlickeit der äussern Form herbeigeführten Gedächtnisverwirrung den Autornamen des Steinbuchs auf das schwäbische Gedicht übertragen hat. Und nachdem diese Stütze der Namengleichheit gefallen ist, vermag ich einen Anteil von U. an der Erfurter Redaction des Steinbuchs nicht mehr aufrecht zu erhalten.

Der beste Wegweiser für eine Ermittelung weiterer litterarischer Ansprüche und Beziehungen unseres Autors bleibt neben der Sprache die Form. Von bekanntern Autoren haben sich dieser Form noch bedient nach ihm die Nürnberger Hans Folz und Hans Sachs (s. Martin Anz. f. d. Alt. V 224 f.) und vor ihm sein Landsmann, der bald nach 1474 ermordete Michael Beheim. Es darf aber wol noch darauf hingewiesen werden, dass in eben dieser Form und zwar mit strenger Festhaltung des stumpfen Reimes, wie sie weder Hermann von Sachsenheim noch Michael Beheim bieten, die fromme Inschrift abgefasst ist, welche Georg von Sachsenheim 1489 in der Stuttgarter Spitalkirche anbringen liess.[2]) Freilich ist das Stück (24 Verse) zu wenig umfangreich, um einen Beweis zu gestatten: möglich aber wäre es immerhin, dass U., der sich in seiner allegorischen Dichtung als einen eifrigen Nachahmer Hermanns von Sachsenheim zeigt, auch in persönlichen Beziehungen zu dessen Familie gestanden und im Auftrage des Sohnes jene Inschrift verfasst hätte.

---

1) Sie wurde mir von Herrn Prof. Lambel gütigst in Abschrift übermittelt, wofür ich ihm hier noch herzlichen Dank sage.
1) Martin, Hermann von Sachsenheim S. 13 f.

Das litterarische Gesamtbild des schwäbischen Poeten wird damit nicht erweitert, und einstweilen müssen wir uns mit denjenigen Zügen genügen lassen, welche uns das in dieser Schrift publicierte Werkchen bietet: ein Schüler Hermanns von Sachsenheim, der den Einfluss der damals allmächtigen Kanzlei nicht verleugnet und von der Einwirkung des Humanismus wenigstens Spuren zeigt, dem die Minnedidactik des Capellans Andreas symbolischen, die Schachsymbolik des Jacobus de Cessolis novellistischen Stoff und die Jagdallegorie Hadamars von Laber eine Reminiscenz der Rahmenerzählung hergegeben hat.

Lebenslauf.

Ich, Hans Hofmann, bin geboren am 24. Mai 1862 zu Ulm a. d. Donau als Sohn des Kaufmanns und Verlagsbuchhändlers J. Hofmann, der als Privatier zu Karlsruhe i. B. im Herbst 1892 verstorben ist. Ich besuchte das Gymnasium meiner Vaterstadt bis Ostern 1874, von da an das Realgymnasium und wiederum das Gymnasium zu Stuttgart, von welchem ich im Herbst 1881 mit dem Reifezeugnis entlassen wurde. Nachdem ich meiner Militärpflicht beim 2. württemberg. Dragoner-Regiment in Ulm genügt hatte, bezog ich im Herbst 1882 die Universität Tübingen. Ich begann meine Studien als Jurist und hörte zunächst bei den Professoren *Mandry, Bülow, Seeger* sowie bei Prof. *Köstlin*. Im S.-S. 1883 trat ich zum Studium der Philologie über und hörte die Vorlesungen der Professoren *Schwabe, Rohde, Herzog, R. Roth* und *v. Gutschmid*, nahm auch Teil an seminaristischen Übungen der beiden erstgenannten. Meine Tübinger Studienzeit wurde im Jahre 1883 und 1884 durch längere Krankheit unterbrochen. Im S.-S. 1886 wandte ich mich nach Heidelberg, wo ich bei *K. Bartsch* germanistische und bei *Kuno Fischer* philosophische und ästhetische Collegien hörte und mich entschloss, das Studium der deutschen Sprache und Litteratur zu meinem Hauptfache zu machen. Der Tod *Bartschs* veranlasste mich, von Heidelberg nach Marburg überzusiedeln, wo ich vom Herbst 1888 bis zum Frühjahr 1891 immatriculirt gewesen bin; meine Lehrer waren hier die Professoren und Docenten *E. Schröder, Max Koch, Kauffmann, Stosch; M. Lehmann* und *K. Lamprecht; Wissowa.* Ihnen allen möchte ich hier danken, ganz besonders aber Herrn Prof. *Edward Schröder*, dessen nie ermüdender Beratung ich mich bei vorliegender, von ihm angeregter Arbeit erfreuen durfte.